JOURNAL

D'UN

VOYAGE EN ORIENT.

Avant de paraître dans ce livre, le récit de ce voyage a été déjà publié dans une Revue du Midi. Les articles qui ont ainsi paru ont été recueillis pour former cet ouvrage que nous offrons au public. On comprend les lenteurs de ce genre de travail. C'est ce qui explique les retards de cette publication.

. Ce livre sur l'Orient servira de complément à notre *Pèlerinage en Terre Sainte*. Après avoir visité en pèlerin Jérusalem et le Jourdain, Nazareth et le Lac de Tibériade, nous allons parcourir en touriste le Liban avec sa forêt de cèdres, Baalbeck avec ses belles ruines, les côtes de l'Asie avec leurs îles célèbres, en faisant des haltes à Smyrne, à Constantinople et à Athènes.

Les lieux que nous allons décrire ne sont pas sans intérêt pour la France. Il existe depuis longtemps entre ces pays d'outremer et notre patrie des liens étroits et d'anciennes et vives sympathies. On le sait, ces sympathies se sont réveillées plus ardentes que jamais depuis la guerre de Crimée qui a fait naître tant d'espérances au fond des cœurs catholiques. Du haut du Liban et de toutes les côtes de la Syrie, les catholiques orientaux ont les yeux tournés vers la France. C'est de ce côté qu'ils attendent leur affranchissement, et la Providence semble encourager leurs espérances en faisant marcher de ce côté les événements. De nouveaux rapports s'établissent tous les jours entre notre patrie et les Églises Orientales ; les pèlerinages en Terre Sainte ravivent dans ces contrées les souvenirs des Croisades ; les Filles de St-Vincent-de-Paul et de Saint Joseph, ouvrent au milieu des populations musulmanes leurs hospices et leurs écoles, et complètent l'œuvre des Jésuites et des Lazaristes. De rapides moyens de communication effacent les distances et rapprochent de nous ces rivages. L'Orient devient ainsi pour nous comme un pays voisin auquel nous rattachent à la fois les intérêts religieux et les intérêts nationaux.

C'est la pensée qui nous a inspiré en écrivant ces pages. Nous voulons faire connaître ces institutions bienfaisantes que la charité de la France a semées sur cette vieille terre de l'Orient comme autant de moyens de régénération, ces missions, ces collèges, ces écoles, ces hospices qui rendent populaires la langue et le nom de notre nation, depuis Alexandrie jusqu'à Constantinople. Nos pères les croisés avaient laissé sur cette terre le souvenir de leur valeur et de leur sang versé pour l'affranchissement des populations chrétiennes. Nous poursuivons leur œuvre dans une croisade plus pacifique, en apportant à ces peuples le double bienfait de la foi et de la charité.

Ce livre est signé de deux noms : ce sont ceux de deux amis qui se sont fraternellement associés pour le faire. L'un a décrit le Liban, les côtes de la Syrie, Rhodes et Smyrne; l'autre, Constantinople et Athènes. Chaque partie de cet ouvrage présente une physionomie distincte. Celle qu'a écrite la plume du prêtre reflète nécessairement les pensées de son auteur. Ce qui a dû le préoccuper avant tout dans ses courses, c'est le côté moral et religieux des populations qu'il a visitées, ce sont les souvenirs chrétiens qu'on rencontre à chaque pas dans ces contrées voisines du berceau de l'Évangile. Le laïque, sans négliger ces souvenirs, fouillera plus avant dans les mœurs, les usages et la vie intime des peuples orientaux : il sera plus artiste et laissera courir librement sa plume en touchant à tout ce qui s'offre à lui dans ses courses. Par un contraste qu'on ne saurait blâmer, le prêtre sera plus grave dans ses allures et le laïque plus indépendant. Cependant, malgré cette différence, ce livre n'offrira rien de trop disparate. Il aura même une certaine unité; car les deux écrivains se complètent l'un par l'autre, et le sérieux du prêtre tempère la verve et l'entrain du laïque. Au reste, il existe entr'eux une trop grande conformité de principes, leur vie a été trop longtemps mêlée pour que ce livre ne porte pas l'empreinte de cette fraternité qui les unit autant par l'esprit que par le cœur.

Ma pensée se reporte avec amour, en écrivant ces pages, vers ces chers compagnons de voyage avec qui il m'a été donné de visiter les Lieux Saints et les côtes de l'Asie. Je les vois encore devant moi, par une douce illusion du cœur, avec leurs physionomies sympathiques et leur caractère franc et loyal, et je les salue de loin comme des amis dont on est toujours heureux de se souvenir.

Parmi tous ces compagnons de voyage, il en est un qui a droit, entre tous, dans ces pages, à un témoignage de sympathie affectueuse : c'est M. Eugène Boullier de la Touche. Bon et aimable jeune homme ! Doué des plus belles facultés, d'une vive intelligence, d'une imagination brillante, d'un vrai talent d'artiste; orné des plus heureuses qualités du cœur, tendre, affectueux, compatissant; d'une foi profonde, d'une douce et ardente piété, d'une âme vraiment chevaleresque; ajoutant à tous ces trésors une physionomie franche et ouverte, une rare aménité de formes; possédant la fortune dont il faisait un si noble usage, il a été soudainement emporté comme par un coup de foudre, au moment où une jeune épouse venait de couronner de son affection et de ses vertus son bonheur domestique. Pèlerin de Terre Sainte, il s'était fait des amis de tous les membres de la caravane, et la course que j'ai faite avec lui dans le Liban, cette vie à deux, intime, vraiment fraternelle, depuis Beyrouth jusqu'à Tripoli, sera toujours un de mes plus chers souvenirs.

M. Boullier a laissé un livre remarquable sur son voyage en Orient. C'est celui qui reproduit avec le plus de vérité et de poésie, la physionomie de la première caravane. Ces lettres attachantes, pleines de simplicité et de naturel, écrites en courant, sous l'inspiration du moment, révèlent dans notre ami un vrai talent d'écrivain et d'artiste.

Nous l'avions visité dans sa charmante résidence de Vaucenay dont il faisait les honneurs avec tant de grâce, et les deux auteurs de ce livre n'oublieront jamais l'affectueuse hospitalité qu'il leur offrit. Nous devions le revoir une fois encore dans le Midi. Quelques mois après, la mort est venue le ravir soudainement à sa famille et à ses amis.

Nous avons voulu le montrer une fois encore dans cette page à nos compagnons de pèlerinage, et payer en leur nom un dernier tribut de douloureux et sympathiques regrets à sa mémoire. Nous pouvons lui appliquer avec vérité ces belles paroles de Saint Jérôme, sur la mort de Népotien, que nous lisions, il y a peu de jours, dans une touchante notice sur la vie trop courte aussi d'un autre jeune homme chrétien : *Nepotianus meus, tuus, noster, imò Chris-*

ti , et quia Christi idcirco plus noster , reliquit senes, et desiderii sui jaculo vulneratos , et intolerabili dolore confectos. (1)

25 août, Fête de Saint Louis.

(1) *S. Hieronymus , ad Heliodorum. Epitaphium Nopotiani.*

JOURNAL

D'UN

VOYAGE EN ORIENT

EN 1853.

I

Départ du Mont Carmel. — Les passagers du bateau à vapeur. — Les côtes de la Syrie. Le Cap Blanc. — Les Puits de Salomon. — Les ruines de Tyr.

C'est au Mont Carmel que s'est terminé notre pèlerinage de Terre Sainte. Ce n'est plus maintenant le pèlerin qui vient raconter ses souvenirs des Saints Lieux, c'est le touriste qui parcourt les côtes de la Syrie, explore les pittoresques vallées du Liban, visite les ruines de Balbek, touche aux célèbres rivages de l'Asie et de la Grèce, et qui vient faire part de ses impressions.

Près de la moitié de la caravane reprend,

le 9 octobre, sur un paquebot des Messageries Impériales, le chemin de la France. Le plus grand nombre de mes compagnons de voyage veut poursuivre ses courses en Orient, et plusieurs d'entre eux ont déjà pris la voie de terre pour aller visiter Beyrouth et Damas. Les fatigues de nos dernières marches et le besoin de repos ont obligé quelques-uns d'entre nous à prolonger notre séjour au Mont Carmel. Nous apprenons que le 11 octobre, un vapeur de la Compagnie du Loyd autrichien, venant d'Alexandrie, doit toucher à Caïpha et relâcher à Beyrouth. Trois de mes compagnons de voyage, MM. de la Bastie, Eugène Boullier et Charles Domergue, se décident avec moi à prendre la voie de mer et à profiter du passage de ce vapeur.

Nous allons nous agenouiller une dernière fois dans l'église de Notre-Dame-du-Mont-Carmel. Nous embrassons tendrement ce bon Père Charles, qui nous a entourés de soins si affectueux pendant notre séjour au Carmel, et sur les 7 heures du matin, nous nous acheminons vers la rade de Caïpha. Nous tournons souvent nos regards vers le monastère, en descendant la montagne, et nous voyons l'aimable religieux qui nous suit des yeux et nous envoie de loin un dernier adieu. Un de nos compagnons, M. Boullier, rencontre aux pieds du Carmel la belle meute du couvent qu'il a souvent conduite à la chasse. Celle-ci le reconnaît et l'entoure de ses joyeuses caresses. Tout à coup, à quelques centaines de pas, un animal sauvage, que nous prenons pour un chacal et que l'œil exercé de notre chasseur reconnaît pour un lynx, s'échappe d'une touffe de hautes herbes sèches. Malgré la distance, M. Boullier lui envoie une balle, qui fait voler autour de lui la poussière, et voilà que les chiens s'élancent sur ses traces et le poursuivent avec ardeur. Nous les voyons fuir comme un trait à l'extrémité de la plaine, et nous entendons longtemps leurs aboiements. Quel regret pour notre chasseur de ne pouvoir suivre la meute haletante ! Nous avons peine à l'arracher à cette chasse, qui lui fait oublier que l'heure du départ du vapeur approche.

Le paquebot autrichien est mouillé à un mille de la côte. Le sable de la plage ne permit pas aux embarcations d'arriver jusqu'à terre. Des Arabes à demi nus, aux membres vigoureux et hâlés par le soleil, nous prennent pour un mince bakchis sur leurs robustes épaules, et nous déposent dans la barque. Ce mode de transport n'est pas sans émotion : quelquefois la vague vient mouiller les jambes pendantes qui remplissent alors l'office de rames. Nos Arabes ne bronchent point sous le fardeau : ils ont une allure solide, et je dois ajouter, un cœur bon et honnête ; car ils ne songent nullement au malin plaisir de nous faire subir une immersion dont la pensée viendrait assurément à des Grecs.

Nous montons à bord de l'*Africa*. — C'est le nom du bateau. Il appartient à cette riche et puissante compagnie autrichienne qui a couvert de ses navires le Danube et la Méditerranée. Nous y rencontrons un échantillon complet de toutes les races. Les officiers de bord sont Vénitiens ; ils ont la politesse des officiers français, mais ils sont loin d'en avoir la cordialité franche et expansive, et surtout l'instruction. La moitié du pont des premières est occupé par des familles turques, parquées comme un troupeau entre des barrières. Les hommes, gravement assis, fument leur tchibouk : les femmes, soigneusement voilées, se tiennent à l'écart, et passent les longues heures du jour à rouler machinalement dans leurs doigts une sorte de chapelet, — ce n'est pas celui des catholiques, — dont les grains sont faits d'un bois odorant, ou à fumer le narguilhé. Des officiers de l'armée égyptienne, au corps replet, au ventre proéminent, qui traînent bruyamment leur long sabre à la fine lame de Damas, des drogmans qui passent leur vie à conduire des voyageurs ou à en chercher; des Arabes à la haute et forte stature; des Juifs au teint hâve, à l'air défiant et au regard scrutateur, qui voyagent pour leur négoce; des Anglais, — où n'en trouve-t-on pas? — complètent cette Babel maritime de l'*Africa*.

Nous nous installons sur le pont des premières, et armés de nos lunettes d'approche, nous considérons attentivement les rivages que nous allons cotoyer. La mer, calme et unie, réfléchit toute la splendeur du ciel d'Orient. Le Mont Carmel se dresse devant nous comme le phare de la Terre Sainte. Il nous semble voir, sur les terrasses du couvent, le Frère Charles qui salue une dernière fois les pèlerins. Les dessinateurs, MM.

Boullier et Domergue, leur album à la main, prennent la vue du monastère dont les lignes blanches se détachent admirablement sur le fond de la montagne.

La puissante machine de l'*Africa* met le navire en mouvement, et nous voilà en marche, longeant les côtes à une faible distance, qui nous permet de distinguer, non-seulement les accidents du sol, mais les habitations et les ruines semées le long de la plage. Nous laissons à notre droite Saint-Jean-d'Acre, avec ses remparts délabrés qui portent la trace des boulets du dernier siége, ses nombreux minarets, et son immense mosquée qui menace de s'écrouler. La pauvre cité, autrefois si florissante, languit et se meurt lentement comme l'empire turc lui-même, et ses habitants indolents n'ont pas la pensée de réparer les ruines qui les entourent. Nous doublons le Cap-Blanc, — Ras-el-Abiad, — dont les rochers élevés, aux teintes blanches et crayeuses, avaient souvent attiré nos regards pendant notre séjour au Carmel. Ce cap ferme l'entrée de la plaine de Tyr. Un sentier étroit et escarpé suit les sinuosités de l'immense roche et domine la mer. La tradition attribue ce travail à Alexandre, qui voulut frayer cette route hardie à ses troupes. Les difficultés de cette entreprise audacieuse étaient bien faites pour tenter l'âme intrépide du héros macédonien. Que d'armées qui y sont passées, depuis les phalanges grecques jusqu'aux nombreuses bandes des croisades, les unes poussées par une vaine pensée d'ambition, les autres par une généreuse pensée de foi !

Voici les plaines de la Phénicie qui commencent : elles nous apparaissent nues, arides et sans culture. Un massif de verdure nous indique, non loin de Tyr, les célèbres sources connues sous le nom de Puits de Salomon, — Ras-el-Aïn. — Ce sont quatre immenses réservoirs, d'une très-grande profondeur, d'où s'échappent en bouillonnant des eaux abondantes qui vont, à quelques pas de là, faire tourner les roues de plusieurs moulins. Autrefois un aqueduc, dont on distingue les lignes brisées, les conduisait à Tyr. En Orient, tous les ouvrages grandioses sont attribués à Salomon : aussi la tradition prétend que ce prince magnifique fit creuser ces puits merveilleux pour témoigner d'une façon royale sa reconnaissance à Hiram, roi de Tyr, qui avait fourni des ouvriers et des cèdres pour la construction du temple de Jérusalem. Cette tradition ne semble-t-elle pas confirmée par ce passage du *Cantique des Cantiques* : « La fontaine des jardins ; le puits des eaux vives qui jaillissent avec impétuosité du Liban. » *Fons hortorum ; puteus aquarum viventium, quæ fluunt impetu de Libano ?* Les expressions de l'écrivain sacré conviennent admirablement à ces puits : les eaux se précipitent en effet, par des conduits souterrains, des hauteurs du Liban, pour jaillir avec impétuosité à une hauteur de quinze pieds au-dessus du sol. On dirait un vrai système de puits artésiens. C'est toujours la *Fontaine des jardins*, comme au temps de Salomon, et ces eaux arrosent et fertilisent de verts enclos.

Nous saluons en passant les célèbres ruines de Tyr, cette antique reine des mers, qui couvrait autrefois les flots de ses innombrables voiles, dont les navires touchaient à toutes les îles, et qui ne possède aujourd'hui que quelques barques de pêcheurs. J'ouvre les prophètes, et je lis dans Ézéchiel : « Comment es-tu tombée, ville superbe qui habites au milieu des flots, et qui inspirais la terreur à toutes les nations ?.... Tu disais, ô Tyr : Je suis assise au sein des mers, et je brille d'une beauté sans égale. Sous ta main, les sapins de Sanir, — Sanarim, — deviennent des vaisseaux ; les cèdres du Liban, des mâts; les chênes de Basan, des rames. Tes matelots sont tissus du beau lin d'Égypte. Tes vêtements sont teints de l'hyacinthe et de la pourpre des îles d'Élisa. — Hellespont. — Les enfants de Sidon ont été tes rameurs, et les plus sages entre tes habitants, tes pilotes. Tu tiens à ta solde, le Perse, le Lydien et l'Africain. Ils ont suspendu leurs boucliers à tes murailles, comme un ornement.... Tous les pays s'empressent de négocier avec toi. Tarse envoie à tes marchés de l'argent, du fer, de l'étain et du plomb... Des îles nombreuses échangent avec toi l'ivoire et l'ébène ; l'Araméen, le Syrien, reçoit les ouvrages de tes mains, et te donne le rubis, la pourpre, les broderies, le lin, la soie et les pierres précieuses. Juda et Israël t'apportent le froment, le baume, la myrrhe, le miel, la résine et l'huile, et Damas, en échange de tes produits, un vin généreux et des laines aux couleurs éclatantes.... O Tyr, fière de tant de gloire et de tant de richesses, bientôt les flots de la mer s'élèveront contre toi, et une tempête violente te précipitera au fond des eaux. Au jour de ta ruine, ton commerce, tes négocians, tes matelots, tes pilotes, tes hommes de guerre, et ce peuple qui remplit tes assemblées, périront avec toi. Tes rameurs déserteront tes vaisseaux; tes pilotes s'assiéront sur le rivage, l'œil morne contre terre. Dans leur deuil, ils couperont leur chevelure, répandront la cendre sur leur tête, se rouleront dans la poussière, et ils laisseront échapper ce cri de douleur: Qui jamais égala Tyr, maintenant devenue muette au milieu des eaux? »

Nabuchodonosor vient bientôt exécuter, à la tête d'une armée nombreuse, les terribles menaces du Prophète : « Voici, dit encore Ézéchiel, que j'amènerai de l'Aquilon contre Tyr, Nabuchodonosor, roi de Babylone, avec des chevaux, et des chars, et des cavaliers, et des bataillons, et un grand peuple; il fera périr par le glaive tes filles, qui sont dans les champs; il lèvera contre toi le bouclier; il battra tes murailles avec ses machines, et renversera tes tours..., et abattra tes remparts, et tes somptueuses demeures, et il te jettera au milieu des flots, et fera de toi une pierre polie, un lieu pour sécher les filets, et tu ne seras plus rebâtie. »

Le monarque assyrien assiége la ville : elle résiste pendant treize ans à ses efforts. Enfin elle succombe, et Nabuchodonosor, dans sa colère, la fait raser jusqu'aux fondements, et passe ses habitants au fil de l'épée. Une nouvelle Tyr s'élève dans une île voisine du continent où a été renversée la première. Après soixante-et-dix ans, elle sort de l'oubli, selon la prophétie d'Isaïe; elle revient à ses chants, à ses fêtes et à son commerce. Mais deux cent cinquante ans après, Alexandre est devant ses murs; il jette une forte digue pour rattacher l'île à la terre ferme. Ses habitants opposent une résistance héroïque. Le siége dure sept mois. Enfin la ville succombe une seconde fois pour ne plus se relever.

Tous les souvenirs du passé viennent se mêler aux ruines de Tyr: l'histoire sacrée et l'histoire profane, la fable et la poésie, la

II

Plaine de Tyr. — Ruines. — Sarepta. — Sidon. — Abdolonyme et St-Louis. — Djûn et Lady Esther Stanhope. — Deïr-el-Kamar et l'Émir Beschir.

Il y a un intérêt plein de charme à voyager l'histoire à la main, à l'interroger en face des ruines, à lui demander les souvenirs d'autrefois et à prêter l'oreille à ses récits. A sa voix, la poussière tressaille, et laisse échapper de son sein les générations éteintes; les débris amoncelés se transforment en forteresses et en somptueuses demeures; les cités renversées se relèvent; le mouvement et le bruit viennent remplacer le silence et la solitude. L'histoire est la délicieuse compagne du voyageur: elle enchante sa route, sème la vie sur ses pas, réveille les échos endormis, et évoque sur les ruines les souvenirs glorieux du passé.

C'est surtout sur le sol antique de la Phénicie, foulé par tant de peuples, que l'his-

II

Plaine de Tyr. — Ruines. — Sarepta. — Sidon. — Abdolonyme et St-Louis. — Djûn et Lady Esther Stanhope. — Deïr-el-Kamar et l'Émir Beschir.

Il y a un intérêt plein de charme à voyager l'histoire à la main, à l'interroger en face des ruines, à lui demander les souvenirs d'autrefois et à prêter l'oreille à ses récits. A sa voix, la poussière tressaille, et laisse échapper de son sein les générations éteintes ; les débris amoncelés se transforment en forteresses et en somptueuses demeures; les cités renversées se relèvent ; le mouvement et le bruit viennent remplacer le silence et la solitude. L'histoire est la délicieuse compagne du voyageur: elle enchante sa route, sème la vie sur ses pas, réveille les échos endormis, et évoque sur les ruines les souvenirs glorieux du passé.

C'est surtout sur le sol antique de la Phénicie, foulé par tant de peuples, que l'histoire jette un puissant intérêt. Pierres éparses des cités qui ne sont plus, vieilles tours démantelées, colonnes de marbre couchées sur le rivage et baignées par les flots, sarcophages vides et ornés de sculptures, riches mosaïques ensevelies sous le sable, colonnes milliaires qui jalonnent des restes de voie antique, inscriptions nombreuses, vastes nécropoles dont les chambres sépulcrales sont taillées dans les flancs des rochers, débris de l'architecture des temps anciens et de l'époque des Croisades : tout, sur cette côte célèbre, appelle un regard, un souvenir, une émotion.

Le paysage a quelque chose de large et de solennel comme les grands noms qu'il rappelle ; j'y retrouve comme un reflet de la majesté des prophètes qui ont annoncé les vengeances du ciel à cette contrée infidèle. L'accent pathétique de leurs oracles se fait sentir dans cette nature grandiose. C'est la même tristesse et la même grandeur que sur la terre de la Judée. De la mer, le coup d'œil est ravissant. Une lumière resplendissante dore de ses teintes chaudes et vaporeuses ces horizons lointains. Une belle plaine, tantôt spacieuse et tantôt resserrée, court du midi au nord, entre la mer et les montagnes: elle paraît inculte, et c'est à peine si, d'espace en espace, on rencontre quelques jardins ombragés et quelques champs en culture. Aux jours de la puissance de Tyr, elle devait être couverte de vergers et de superbes habitations, où les riches marchands de la cité allaient chercher l'ombre et la fraîcheur. Il n'en existe plus aujourd'hui de vestiges, et en voyant cette campagne désolée, on répète ces paroles du prophète Isaïe : « Deux choses fondront sur toi en un seul jour : la stérilité et la viduité. »

La chaîne du Liban, qui se prolonge parallèlement au rivage, dresse comme un rempart ses cimes escarpées. De nombreux villages druses et maronites sont étagés en amphithéâtre sur ses flancs, et nous distinguons les belles plantations de mûriers cultivés par ces populations laborieuses. La culture a quitté la plaine pour fertiliser la montagne.

La route suit toujours la plage. On rencontre, de distance en distance, quelques milliaires romains de l'époque de Septime Sévère. Il y a quelques traces de voie romaine. C'est le chemin de tous les peuples de l'antiquité, et aujourd'hui celui des caravanes. Toute cette côte, autrefois si peuplée, si vivante, n'est plus maintenant qu'un désert. La description géographique en a été faite par M. de Saulcy avec une érudition remarquable. Il retrouve le site oublié des villes Ornithon et Léontopolis des anciens, et signale l'importance de ces vastes nécropoles, si nombreuses sur cette côte, qui correspondent nécessairement à quelque cité phénicienne.

A quelque distance de Sour-Tyr, on rencontre un cours d'eau : c'est le Nart-el-Kasmieh, le Léontès des anciens, dont je retrouverai plus tard la source dans la plaine de Balbek, qui reçoit les eaux des affluents qui descendent du Liban et de l'Anti-Liban. Les Croisés s'arrêtèrent sur les bords de ce fleuve, et y remportèrent une belle victoire sur l'armée nombreuse des Sarrasins commandée par Molek-Adhel, frère de Saladin. Il y a toujours, sur ces plages où sont passés nos pères, le souvenir de quelque glorieux coup d'épée.

On montre sur le versant du Liban le village de Sarfent, bâti dans le voisinage de l'ancienne Sarepta, célèbre par le séjour et les miracles d'Élie. Ce prophète, fuyant la colère d'Achab, était caché sur les bords du torrent de Carith, que nous avons déjà vu en face du Jourdain, au pied de la montagne de la Quarantaine, consacrée par le long jeûne du Sauveur. Dieu lui ordonne d'aller à Sarepta des Sidoniens : le prophète obéit. C'était pendant la famine qui affligeait Israël ; il rencontra, aux portes de la cité phénicienne, une pauvre veuve qui ramassait du bois, et il lui demanda un peu d'eau et de pain. — Je n'ai point de pain, dit-elle, mais seulement, dans un vase, autant de farine que peut en contenir la main, et un peu d'huile dans une fiole. Voici que je ramasse du bois afin de préparer ce reste pour moi et pour mon fils, et nous mourrons ensuite. — Ne craignez point, répondit le prophète, mais allez, et faites comme vous avez dit. Faites-moi d'abord un petit pain, que vous m'apporterez ; vous en ferez ensuite pour vous et pour votre fils. Car voici ce que dit le Seigneur, le Dieu d'Israël : La farine ne manquera pas dans le vase et l'huile ne sera pas diminuée jusqu'au jour où le Seigneur répandra la pluie sur la terre. Elle alla, et fit selon la parole d'Élie. Élie mangea, la femme et la maison mangèrent, et la petite provision de farine et d'huile ne fut point diminuée. Le prophète récompensa l'hospitalité de cette pauvre femme par un nouveau miracle. L'enfant tombe malade et meurt. Élie invoque le Seigneur et rend le fils plein de vie à la mère. (1)

Sarepta se trouva sur le chemin des Croisés marchant à la conquête du Saint-Sépulcre, et tomba au pouvoir de Tancrède. On n'y rencontre plus aujourd'hui que des fragments de marbre, quelques débris ensevelis sous le sable et des chambres sépulcrales creusées dans le roc. En Orient, les tombeaux ont plus de durée que les villes, et sont quelquefois le seul vestige d'une cité qui fut autrefois florissante.

Saïda, — Sidon, l'ancienne capitale des Phéniciens, entourée de vergers, de frais jardins, assise sur un mamelon qui s'avance dans la mer, attire de loin les regards par sa belle situation. Mais à l'intérieur, c'est un amas de petites habitations confusément entassées,

(1) IIIe Livre des Rois, Ch. 17.

et séparées par des rues étroites et obscures. Aux jours de sa puissance, elle couvrait, comme Tyr, la mer de ses vaisseaux, et tous les rivages, de ses colonies et de ses comptoirs. Ce fut le berceau des arts, des sciences et des découvertes les plus importantes. Le génie de l'invention et de l'industrie tappartient aux Sidoniens. Homère vante les habitants de Sidon comme habiles en toutes choses, et plus d'un siècle avant, Salomon avait écrit à Hiram : « Il n'y a personne parmi nous qui sache travailler le bois comme les Sidoniens. »

Aussi l'histoire ancienne est-elle remplie de la gloire de Sidon. Ce peuple actif, intelligent, industrieux, a attaché son nom, s'il faut en croire les récits mythologiques de l'antiquité, à deux découvertes les plus utiles à l'humanité : la navigation et l'écriture. C'est de cette plage que sont partis ces hardis navigateurs qui, les premiers, osèrent se confier à une planche fragile et affronter les tempêtes de la mer. Les peuples furent ainsi rapprochés, et échangèrent entre eux les produits de leur industrie. Qu'il y a loin de ces premiers essais de navigation à ce rapide bateau à vapeur sur lequel nous traversons aujourd'hui cette mer!

Un peuple que son commerce mettait en relation avec tant d'autres contrées, avait besoin d'un moyen de communication qui transportât la parole d'un lieu à un autre, et l'écriture fut inventée, s'il est permis d'ajouter foi aux fictions de la mythologie. On connaît ces vers d'un poëte :

> C'est de lui que nous vient cet art ingénieux
> De peindre la parole et de parler aux yeux,
> Et par les divers traits des figures tracées
> Donner de la couleur et du corps aux pensées.

L'histoire ne parle pas comme la fable et la poésie : elle assigne une origine plus élevée à l'écriture. Le Seigneur a dû la communiquer a l'homme, comme la parole.

Sidon s'enivra, comme Tyr, de sa puissance, et devint l'objet des malédictions des prophètes. Isaïe lui prédit le même châtiment qu'à Tyr, sa fille et sa rivale, et Ézéchiel fait entendre contre elle ces terribles menaces : « Voici que je viens à toi, ô Sidon !... et j'enverrai la peste et le sang sur tes places publiques; et les blessés tomberont au milieu de toi sous le glaive qui frappera de tous cô-

tés, et on saura que je suis le Seigneur. » (1)
La peste annoncée par le Prophète a souvent
affligé cette ville, et c'est de Saïda qu'était
venu le vaisseau qui apporta à Marseille la
fatale contagion de 1720.

Sidon fut visitée comme Tyr par le Sauveur : « Alors, dit Saint Marc, quittant de nouveau les confins de Tyr, Jésus alla, par Sidon, près de la mer de Galilée. » Elle était de Sidon, cette pauvre Cananéenne, qui, sortant de la foule, implora la compassion du Sauveur pour sa fille malade, et mérita d'entendre de la bouche du divin Maître cette belle parole : « O femme, votre foi est grande. Qu'il vous soit fait comme vous désirez ! » Et la fille fut guérie à l'heure même. Aujourd'hui, c'est cette pauvre Phénicie qui est malade et se meurt comme la fille de la Cananéenne. Si elle avait la foi de cette femme sidonienne que loue le Sauveur, elle serait guérie.

La visite de Jésus-Christ à Sidon dut y laisser, avec la parole sainte, des germes évangéliques qui se développèrent. Car nous voyons dans les Actes des Apôtres que lors-

(1) Ézéchiel. Chap. 28.

que Saint Paul fut conduit de Césarée en Italie pour comparaître devant le César de Rome, il s'arrêta à Sidon, et y rencontra des amis, c'est-à-dire des fidèles qui l'entourèrent de leurs soins. La ville eut ses évêques, ses martyrs, et aujourd'hui, on compte quatre rites différents parmi les catholiques : les Latins, les Maronites, les Arméniens et les Grecs unis.

La France possède un magnifique khan à Sidon : on croirait voir un palais à l'orientale. C'est une belle cour carrée, entourée, comme nos monastères du moyen âge, d'un cloître à arceaux ogivés, avec une fontaine jaillissante au milieu. C'est le quartier des Francs, le centre de leur commerce, et ils y possèdent une église desservie par les Franciscains, une école et un hospice pour les pèlerins.

La royauté a laissé à Sidon deux souvenirs bien touchants : Quinte-Curce raconte qu'un homme de race royale, que le malheur avait réduit à vivre du travail de ses mains, Abdolonyme, cultivait un de ces jardins qui entourent la ville, lorsque les envoyés d'Alexandre-le-Grand vinrent le saluer roi. Le prince déchu crut être le jouet d'un songe, à la vue de la couronne qu'on lui offrait. Son cœur était étranger à toute pensée d'ambition ; et comme il hésitait à échanger contre le sceptre sa bêche de jardinier, les députés le dépouillèrent de ses vêtements grossiers, et lui jetèrent un manteau de pourpre sur les épaules. La vue de sa dignité nouvelle l'effrayait, et il demandait au ciel de supporter la grandeur aussi bien qu'il avait supporté la pauvreté. L'histoire nous montre Dioclétien abdiquant l'empire pour aller cultiver les laitues de ses jardins de Salone. Mais j'aime mieux le bon Abdolonyme montant sur le trône avec la même simplicité qu'il allait cultiver son jardin. Son cœur vertueux ne connut point les regrets ni les remords de l'empereur romain. Sidon dut s'applaudir du choix d'Alexandre, et le jardinier simple et laborieux dut être un bon roi.

Ce souvenir de la royauté païenne est effacé par un autre, bien plus touchant, de la royauté chrétienne du moyen âge. Nous avons vu un cœur vertueux et sans ambition, qui redoute les dangers des grandeurs, nous allons voir le cœur d'un roi chrétien.

Saint Louis faisait rebâtir, en 1152, les

murs de Sidon. Pendant son absence, les Musulmans vinrent fondre sur les habitants sans défense, et les égorgèrent. Le roi pèlerin était à Tyr quand il apprit ce désastre. Il se hâta d'accourir, et il fut vivement ému en voyant le sol jonché de cadavres sans sépulture. Il ordonna de les ensevelir ; mais chacun reculait d'effroi à la vue de ces restes décomposés qui tombaient en dissolution. Alors le bon roi donna lui-même l'exemple, et ramassant de ses mains royales un cadavre qui exhalait une odeur infecte : « Allons, mes amis, dit-il, allons donner un peu de terre aux martyrs de Jésus-Christ ! » Et tous s'empressèrent de l'imiter. J'avoue que ce noble dévouement laisse à une très-grande distance la scène simple et touchante d'Abdolonyme.

Que reste-t-il aujourd'hui de l'antique et superbe Sidon, qui partagea avec Tyr l'empire des mers ? Des fragments de marbre, quelques débris de sculptures, quelques colonnes couchées le long du rivage, ou enfouies dans les champs. Ce sont là les seuls témoignages de sa grandeur passée. Son port même, ce port d'où sont sortis les premiers navigateurs, et qui a vu affluer les vaisseaux de toutes les nations, a été comblé, et peut à peine recevoir aujourd'hui quelques barques. « Le jour est arrivé, avait dit Jérémie, où Tyr et Sidon seront détruites, avec tout ce qui était venu à leur secours..... O épée du Seigneur, ajoutait le prophète, ne te reposeras-tu pas ? Rentre dans ton fourreau, refroidis-toi et ne frappe plus ! » Bien des fois encore, le glaive du Seigneur est sorti du fourreau et a frappé cette terre infidèle.

Deux villages suspendus sur les flancs du Liban, le long de la route qui conduit de Saïda à Beyrouth, rappellent le séjour de deux hôtes célèbres: le premier, Djûn, a été habité par cette femme excentrique et aventureuse qui a été, pendant quelque temps, par le prestige attaché à son nom, comme la souveraine du Liban, et que les tribus du désert ont proclamée la reine de Palmyre : c'est Lady-Esther Stanhope, qui, après avoir visité l'Europe et l'Orient, vint fixer sur ces sommets sa vie errante et voyageuse. Là, adoptant la langue, le costume et les mœurs des Arabes, elle vécut entourée de mystère, au milieu de quelques serviteurs, recevant la visite de quelques rares voyageurs, entretenant des relations politiques avec les pachas des provinces voisines et les scheiks des tribus du désert. Dans cette vie d'isolement, son imagination exaltée se livrait à l'illuminisme, et rêvait je ne sais quelle religion nouvelle dont elle était la prêtresse. On prétend que, dans ses hallucinations mystiques, elle espérait un empire en Orient et un trône à Jérusalem. Elle a eu une mort obscure et une tombe ignorée.

Une autre femme avait autrefois quitté les riches demeures qu'elle possédait à Rome, pour aller vivre, comme Lady Stanhope, en Orient. Ce fut Sainte Paule. Mais le mobile de cette noble Romaine, ce fut une pensée de foi, et non d'orgueil : elle voulut aller vénérer les lieux consacrés par le souvenir de son Dieu, et elle demanda un asile à la crèche de Bethléem. Là, elle vécut dans l'humilité et la charité chrétienne, s'entourant de pauvres, qu'elle secourait, de jeunes filles, qu'elle formait à la vertu, et elle s'éteignit pieusement entre la divine crèche et Saint Jérôme, laissant une mémoire sainte et bénie. Si Lady Stanhope avait eu un peu de cette foi et de cette charité de l'illustre Romaine, elle aurait laissé en Orient d'autres souvenirs que ceux de son illuminisme et de ses excentricités. La foi et le dévouement rendent une femme admirable. Si elle est orgueilleuse et sceptique, quand elle aurait même reçu les dons de l'intelligence, elle parviendra à n'obtenir que la célébrité du ridicule et de l'extravagance.

Le second village, situé plus loin, dans les gorges pittoresques du Liban, est Deir-el-Kamar, ancienne résidence le l'Émir Beschir. Lamartine a longuement décrit, dans son *Voyage en Orient*, les magnificences de ce palais du Prince de la montagne, avec sa brillante architecture mauresque, ses galeries étagées, ses arcades qui courent de tous côtés, ses tours crénelées, ses vastes cours remplies de chevaux hennissants, ses fontaines jaillissantes, coulant dans des bassins de marbre, ses jardins parfumés et ses délicieux ombrages. Ces vestibules, ces galeries retentissaient sous les pas des guerriers aux riches costumes, portant des armes étincelantes d'or et de ciselures. Dans les cours, de jeunes pages, montés sur de superbes chevaux arabès, couraient le djérid et faisaient admirer leur adresse. C'était tout le luxe, tout l'éclat de l'Orient. Le prince qui habitait ce palais, l'Émir Beschir, était dévoué à la France, comme la nation maronite, qu'il gouvernait. A l'époque de notre expédition d'Égypte, il avait vu les Français en Syrie, et après leur retraite, il en avait recueilli plusieurs au sein de ses montagnes, et avait refusé de les livrer à la vengeance des Turcs. Or, en 1840, l'Angleterre, jalouse rivale, à cette époque, de notre influence en Orient, arracha au Liban l'Émir, allié de la France, et le livra à la Turquie, qui l'envoya mourir en exil. Pourquoi le ministère français se montra-t-il alors insensible au cri de la population maronite, qui invoquait sa protection contre ses oppresseurs?

L'éclat et l'animation du palais de Deïr-el-Kamar se sont évanouis avec ses anciens hôtes. Les galeries sont désertes; les cours ne retentissent plus du bruit des armes ni des hennissements des chevaux; les fontaines sont taries, les jardins abandonnés : ce n'est plus qu'une solitude, et ce sera bientôt une ruine.

III

Beyrouth. — Aspect de la ville. — L'ancienne Béryte. — Prospérité de la nouvelle ville. — Sa population chrétienne. — Établissement des Jésuites. — Hôpital. — École des Sœurs de Saint Vincent de Paul. — Un artiste français. — Forêt de pins. — Désert de sable.

L'*Africa* jette l'ancre devant Beyrouth. La ville, vue du bateau, présente un aspect ravissant. Nonchalamment couchée sur les pentes d'une colline, la tête sous les ombrages des jardins et les pieds dans la mer, elle ressemble, selon une poétique image de l'Orient, à une sultane accoudée sur un coussin vert, et regardant les flots dans sa rêveuse indolence. Elle étage, en face de la mer, ses maisons aux toits plats emmêlées de verdure. Ses premiers édifices reposent sur les rochers verdâtres de la grève, et montent en amphithéâtre jusqu'au sommet de la colline. Çà et là se dressent des mâts où sont arborés les pavillons des consuls : nos yeux saluent avec joie celui de la France. Les palmiers s'élèvent à côté des minarets élancés ; autour des remparts en ruines s'épanouit une végétation magnifique : quelques maisons blanches sont perdues au milieu des orangers, à demi voilées par la verdure ; de vastes champs de mûriers s'étendent au loin dans la plaine, et la gigantesque chaîne du Liban, avec ses cimes blanches et étincelantes comme le cristal, forme le fond de ce tableau ravissant. Beyrouth justifie toujours, par la beauté de sa position et par la richesse du sol, l'épithète d'*heureuse* donnée par les Romains.

Le port est ouvert, et la mer fait blanchir son écume jusque sur la margelle du quai. Des groupes de rochers s'avancent dans la mer et pointent çà et là au-dessus des flots ; sur un de ces îlots rocheux s'élève un château délabré qui garde l'entrée du port. Celui-ci est inaccessible aux vaisseaux, qui restent mouillés au large, et ne reçoit dans son enceinte que de petits bateaux arabes.

Nous descendons dans le canot qui doit nous conduire à terre. Après avoir subi les exigences des douaniers, avec lesquels, du reste, il est des accommodements, nous nous dirigeons vers l'hôtel à travers une foule agitée et bruyante, qui rappelle le mouvement et le bruit de nos ports de France.

En Orient, les hôtelleries sont presque toutes tenues par des Grecs de nation, on pourrait ajouter de profession. A Beyrouth, Kara Dimitri n'a de ses compatriotes que ce qu'il y a de mieux : les belles manières et l'élégant costume. C'est un homme obligeant, qui met de l'amour-propre à satisfaire ses hôtes, nullement âpre au gain, franc et loyal, c'est-à-dire fort peu Grec. On retrouve dans son hôtel le confortable européen uni au luxe oriental. Au centre de notre nouvelle demeure s'ouvre une cour pavée en marbre et ornée d'arbustes odorants et de vases de fleurs. Un jet d'eau retombe dans un bassin et répand une agréable fraîcheur. Un élégant divan communique avec la cour par une arcade ogivale, et mes compagnons vont se délasser sur ses moëlleux coussins en savourant dans leurs chibouck le tabac parfumé de Latakieh. Nos chambres sont peintes à fresque; le pavé est recouvert de nattes; nos lits ont des rideaux de mousseline rose, et, ce qui vaut mieux, de vrais matelas. L'hôtel est terminé par une terrasse, du haut de laquelle on jouit d'une vue admirable. Nous allons y chercher le soir un peu de fraîcheur, et y admirer le magnifique panorama que forment la ville, la mer et le Liban.

Nous rencontrons, à table d'hôte, une charmante réunion de voyageurs de toutes les nations. Voici d'abord un artiste distingué, M. Camille Rogier, qui, pour quelques-uns d'entre nous, est un aimable compatriote que nous sommes heureux de retrouver à Beyrouth. A côté, c'est encore un excellent compatriote, M. de Félix, d'Avignon, avec qui nous prenons plaisir à causer de notre midi; plus loin, c'est le jeune chancelier du consulat de Russie, qui parle parfaitement notre langue, et qui fraternise avec des Français, malgré les bruits de guerre qui agitent l'Orient, et qui font pressentir la lutte de la France contre la Russie. J'ai en face deux Anglais, voyageurs infatigables, qui viennent de parcourir toute l'Asie, et qui m'assiégent de questions sur la Palestine et Jérusalem, qu'ils se proposent de visiter.

La table de Kara Dimitri est aussi française par les mets que l'on sert que par la langue que parlent ses hôtes. La plupart des provisions arrivent de France, et les légumes sont expédiés de Marseille dans des conserves. Le café seul est préparé à la manière orientale, et j'avoue que nul moka ne peut être comparé à celui de Kara Dimitri. Ce n'est pas, comme chez nous, une liqueur noire obtenue par le procédé ordinaire de filtration : c'est une crême légère et mousseuse, à laquelle la poudre du moka, que l'on parvient à dissoudre, donne une saveur exquise et un parfum délicieux.

Le lendemain, nous visitons la ville, que nous avons à peine entrevue la veille. Beyrouth est l'ancienne cité qui porte le nom de Béryte dans les auteurs grecs et dans l'histoire romaine; peut-être est-ce la même que le prophète Ézéchiel désigne par le nom de Bérotha. Le plus ancien des historiens, après Moïse, Sanchoniathon, était originaire de Béryte. L'empereur Auguste l'appela du nom de sa fille Julie, et lui donna l'épithète d'*heureuse* à cause de la beauté de son ciel et de la fertilité de sa plaine : *Felix Julia*.

Ce nom ne devait pas lui porter bonheur, et de cette antique cité, que les Romains proclamaient *heureuse*, il ne reste plus aujourd'hui que quelques colonnes verdies par l'eau de mer, qui forment la margelle du quai, et des ruines informes éparses sur la plage et à moitié enfouies dans les champs.

Après la destruction de Jérusalem, Titus célébra à Béryte des jeux cruels où périrent un grand nombre de Juifs qu'il emmenait prisonniers. Elle posséda, au troisième siècle, une célèbre école de droit, et compta parmi les étrangers venus de loin pour lui demander la science des lois, Saint Grégoire le Thaumaturge, qui suivit aussi, avec son jeune frère, les leçons d'Origène, et qui devint plus tard évêque de Néocésarée.

Le temps des Croisades arrive, et le nom de Beyrouth se trouve inscrit à plusieurs pages de cette histoire chevaleresque. Les premiers Croisés passent sous ses murs, mais sans y entrer, impatients qu'ils sont d'aller affranchir la ville sainte. Baudouin Ier, le successeur de Godefroi, la soumet en 1111, après deux mois de siége. Saladin la reprend en 1182, et en fait la capitale de la Syrie.

Les croisés s'en rendent maîtres de nouveau, et y brisent les fers de dix-neuf mille de leurs frères qui y étaient détenus prisonniers. Ils ne la conservent pas longtemps, et elle retombe bientôt, en même temps que Saint Jean-d'Acre, sous la domination musulmane. Le célèbre émir des Druses, Fakr-el-din, vulgairement appelé Fakerdin, lui redonne un peu d'éclat au commencement du dix-septième siècle, et y laisse quelques souvenirs de sa brillante et trop courte domination.

Aujourd'hui Beyrouth se relève et devient florissante; les bateaux à vapeur qui stationnent dans ses eaux, lui donnent une activité nouvelle; le Liban verse dans son sein la soie de ses vallées et de ses coteaux; les habitants des villages y apportent le produit de leur industrie; les caravanes y amènent les richesses de Damas; tous les jours son commerce s'étend, et son port est aujourd'hui le plus fréquenté de toute la côte de Syrie. Une colonie française, venue de l'Ardèche, l'a dotée d'une nouvelle industrie, en y établissant des filatures de soie. Ces essais ont prospéré, et la France reçoit chaque année des envois considérables. Le Liban renferme dans ses flancs bien d'autres sources de richesses : les mines y abondent, et une exploitation intelligente et active, avec un autre gouvernement que l'inerte indolence de la Turquie, ouvrirait de nouvelles et grandes voies au commerce.

L'intérieur de la ville a un aspect sombre et triste, qui contraste avec la magnificence du paysage : c'est un dédale de rues étroites, tortueuses, traversées par des passages voûtés. Les maisons ne s'ouvrent que sur des cours intérieures ; les portes seules coupent les pans des murs qui bordent les rues. Les Européens, mieux inspirés, au lieu de s'emprisonner dans cette triste enceinte, ont construit de charmantes habitations au milieu des jardins.

Les bazars sont nombreux, et les riches tissus de l'Orient y sont étalés dans un demi-jour qui trompe le regard et pourrait aisément favoriser la fraude. Les marchands sont accroupis sur la devanture de leurs boutiques qui leur sert de comptoir, et dont ils relèvent les ais le soir pour fermer leur magasin. Ils restent là tout le jour, immobiles, fumant gravement le narghilé, et laissant tomber sur les passants un regard indolent. Nous remarquons dans les rues cette absence de propreté, qui est un des côtés du pittoresque en Orient : elles sont couvertes, en manière de tentes, de nattes usées, qui pendent en longs filaments, et qui ont de larges trouées par où le soleil darde un faisceau de rayons brûlants.

L'étrange variété des costumes attire surtout nos regards : l'Européen à l'habit étriqué coudoie le Turc au lourd turban et au large pantalon : le costume explique la démarche preste de l'un et la lenteur somnolente de l'autre. A côté de ces hommes noirs et demi-nus, l'Arménien se drape dans sa robe flottante, aux couleurs vives et tranchées. Le Druse au turban blanc et à l'air insolent, traverse les rues, apportant le produit de son industrie, et plus souvent de ses pillages. Le montagnard à l'*abaïa* rouge exerce la profession de portefaix ; le bedouin au *maklah* rayé, en poil de chameau, la tête ceinte d'une corde, mène une longue file de chameaux, qui cheminent lentement à travers la foule. Le soldat ottoman, pantalon blanc, veste bleue, fez rouge, monte gravement la garde sur un petit escabeau en bois, qui remplace pour lui la chaussure absente. Le majestueux kavas, à la canne à pomme d'argent, à la veste chargée d'or et de broderies, passe à côté de l'Albanais à la fustanelle blanche. Cette robe de bure, c'est celle du Franciscain, et cette longue tunique noire serrée par une ceinture de cuir, c'est celle du prêtre maronite.

Les costumes des femmes ont plus de variété, et surtout plus d'éclat. Elles se coiffent d'un gracieux turban, avec une calotte d'or ciselé, d'où s'échappent de longues tresses de cheveux ornées de sequins d'or; elles portent une veste brodée, et une ceinture éclatante, dans laquelle est souvent engagé un poignard. Un large pantalon de soie et des brodequins rouges relevés en pointe, complètent ce riche costume. Le plus curieux sans contredit, mais non bien sûr le plus élégant, est celui de la femme druse. Qu'on nous permette d'en parler encore après tant de voyageurs. Qu'on se figure une corne d'argent ou de cuivre, selon les fortunes, de quarante centimètres de haut, implantée solidement sur la tête, penchant un peu en avant, et portant, à son extrêmité, un voile blanc, qui se divise et retombe de chaque côté comme les rideaux d'un lit. Les femmes maronites ont eu le bon goût d'abandonner cet étrange et incommode ornement, à la persuasion des missionnaires français ; mais les femmes druses y restent toujours attachées, et comme c'est pour elles une affaire de vanité, il sera difficile de les porter à y renoncer. Dans la langue hébraïque, la corne est le symbole de la puissance et de la grandeur: c'est peut-être pour ce motif que les femmes du Liban l'ont adoptée comme une parure.

Beyrouth compte aujourd'hui plus de quarante mille habitants. Les catholiques en forment le tiers : ce sont des Latins, des Maronites, des Grecs et des Arméniens. Les Jésuites, les Lazaristes et les Franciscains, donnent les soins religieux à cette population. La principale église, qui sert de paroisse, est confiée aux Capucins. Les femmes occupent le bas de la nef, et les hommes la partie la plus rapprochée du sanctuaire, sans qu'il y ait aucun mélange. Chose singulière! la dévotion de ceux-ci est plus expansive que celle des femmes : vous les voyez se prosterner le front contre terre, baiser le sol, porter la main à leurs lèvres après avoir fait le signe de la croix, et se frapper souvent la poitrine avec force.

Je visite, en dehors de la ville, une maison de modeste apparence : c'est l'établissement des Jésuites. Ils ont ouvert là une école où ils enseignent, avec la foi, les éléments des lettres aux enfants de la population chrétienne. C'est de ces fonctions obscures et dévouées que dépend l'avenir religieux de ces contrées. Ils ont une imprimerie, qui publie en arabe des ouvrages de morale et de religion qui sont répandus dans le Liban. C'est là un excellent moyen de propagande chrétienne, qui finira par agir sur les populations musulmanes. J'ai vu dans cette résidence un prêtre d'Avignon, le bon Père Monnier, qui s'associe avec dévouement aux travaux de ses confrères. Les missionnaires français ont adopté le costume des prêtres du pays : la longue robe noire à larges manches, avec une ceinture en cuir, la toque noire, et cette belle et longue barbe de l'Orient, qui descend sur la poitrine, et qui donne tant de noblesse et de dignité à une figure sacerdotale.

Les Sœurs de St Vincent de Paul possèdent, non loin de là, un bel et vaste établissement construit sur un terrain qui a été donné par le Pacha. Cour spacieuse, chapelle, hôpital, dispensaire, écoles, rien n'y manque, et tout y est tenu avec ce luxe de propreté et d'ordre dont ces dignes Sœurs ont le secret. Les classes gratuites renferment un grand nombre de jeunes filles chrétiennes et musulmanes, qui viennent s'initier, sous la direction persuasive et intelligente des religieuses, à l'instruction, aux vertus et aux travaux utiles qui doivent relever la condition des femmes en Orient. A côté, le pensionnat reçoit les filles des principales familles étrangères comme indigènes : on nous en montre quelques-unes qui appartiennent aux cheiks du Liban. L'enseignement est donné en français, et notre langue, ce puissant instrument de civilisation, et aussi d'influence nationale, est parlée dans la classe élevée de Beyrouth et de la montagne. Nous visitons les malades de l'hôpital. L'un d'eux, — c'est un Turc, — appelle la Sœur, et lui raconte devant nous avec indignation que son voisin est parti furtivement le matin sans aller remercier les religieuses qui l'avaient soigné avec tant de dévouement. Il l'accuse hautement d'ingratitude, et il proteste en même temps de toute sa reconnaissance pour les bons soins qu'il reçoit dans sa maladie. On le voit, le Turc a bon cœur, et il sait reconnaître le bien qu'on lui fait. Le dispensaire est constamment assiégé par des musulmans pauvres qui viennent demander des remèdes, qui leur sont distribués gratuitement, et faire panser leurs plaies. Ces généreuses Sœurs accomplissent ainsi, par l'enseignement et la charité, un double apostolat, qui prépare admirablement les voies à l'Évangile; elles deviennent les puissants auxiliaires des missionnaires. Les mahométans se montrent émus de tant de dévouement, et dans leur admiration naïve, ils les saluent comme des anges.

Après avoir visité les établissements chrétiens, nous allons voir les précieuses collections d'un de nos compatriotes, directeur des postes françaises à Beyrouth. M. Camille Rogier nous montre, avec la plus aimable obligeance, les richesses artistiques qui font de sa maison comme un musée charmant où l'on voit retracée l'histoire pittoresque de ce merveilleux pays. A côté d'armes damasquinées, dont la magnificence ferait envie à un pacha, se groupent et se mêlent des objets d'art, des curiosités de toute sorte et de tous les âges. Des tableaux d'un haut mérite artistique, des dessins, des croquis d'un grand et beau caractère, d'une couleur et d'une vérité locales saisissantes, font revivre, aux yeux du voyageur, les sites, les monuments, les ruines qu'il vient de visiter; ils l'initient aux détails de la vie intime que les habitudes mystérieuses de l'Orient dérobent à sa curiosité, et complètent admirablement son voyage en lui révélant les faces les moins connues et les plus curieuses de ce pays, intéressant entre tous.

M. Rogier s'est pris d'une véritable passion pour l'Orient; il en parle avec une science approfondie, et sa conversation féconde en ingénieux détails, en aperçus lumineux, achève de vous instruire, en vous montrant le passé, le présent, et jusqu'aux perspectives de l'avenir, de ces contrées prédestinées. C'est d'ailleurs pour lui comme une patrie d'adoption. Un voyage l'avait conduit à Constantinople : il y fut retenu par l'accueil flatteur et les bienveillantes relations que son talent et d'éminentes qualités lui eurent bientôt créées dans la haute société de cette ville. Depuis, il n'est plus revenu en France que pour y publier un ouvrage remarquable, où l'écrivain se révèle aussi bien que l'artiste. Dans les fonctions de directeur des postes françaises, qu'il exerce aujourd'hui à Beyrouth, la connaissance profonde qu'il a de ces contrées le met à même de rendre des services exceptionnels. Aussi, la position personnelle qu'il s'est faite dans le pays relève encore la position officielle qu'il y occupe, et l'entoure d'une considération toute au profit de l'influence française. Les voyageurs qui passent à Beyrouth sollicitent comme une faveur d'être admis à visiter sa riche collection, et tous emportent de son accueil un souvenir plein de reconnaissance.

Après cette intéressante visite, nous montons à cheval pour aller parcourir, à une demi lieue de la ville, la belle forêt de pins, qui est la promenade favorite des sportmans de Beyrouth. On dit que l'émir Fakerdin la planta pour arrêter les sables de la mer qui, chassés par le vent du sud, s'amoncèlent en hautes dunes, s'avancent toujours, envahissent les champs et menacent d'ensevelir la ville. Nos chevaux sont bien supérieurs à ceux que nous avions dans nos courses en Palestine; deux surtout sont remarquables par la beauté de leur race. Celui de M. Rogier est un magnifique *Anezi*, aux brillants reflets, merveilleux de souplesse, d'intelligence et d'élan. M. de Félix monte une superbe jument *Saklawi*, d'une rare perfection de formes, qu'il doit emmener en France.

Nous suivons des chemins profonds, creusés dans une terre rouge et sablonneuse. La route, bordée de cactus aux larges raquettes et de cassis embaumés, est ombragée de sycomores, de grands lilas perses, aux grappes jaunes, et de caroubiers. Des cafés établis le long de la voie, au pied des arbres, offrent aux promeneurs le moka mousseux et le narghilé. Nos chevaux, que nous avons peine à contenir, s'élancent avec ardeur, les naseaux ouverts, la crinière au vent, à travers les longues allées de la forêt. Les cavaliers les moins experts se laissent emporter au loin dans la plaine. Jamais course plus impétueuse et plus effrénée. J'ai compris cette fois la fougue et la vitesse du cheval arabe.

Après cette première et anxieuse émotion, nous admirons la beauté du paysage. La forêt est superbe : des sentiers de sable glissent à travers les clairières, et présentent une magnifique arène pour la course. La plaine est couverte de champs cultivés et de beaux oliviers, au-dessus desquels, de distance en distance, quelques rares bouquets de palmiers balancent leurs têtes flexibles et gracieuses ; au-delà le Liban apparaît dans toute sa splendeur, et déploie majestueusement ses collines étagées, avec leurs crêtes couronnées de villages et de couvents, avec leurs pentes coupées de vignes, de terrasses et de mûriers.

Nous traversons au retour ce désert de sable, qui envahit les jardins et qui est déjà aux portes de la ville. C'est un funeste voisinage pour Beyrouth. Si des plantations nombreuses et d'épais massifs de verdure ne viennent pas opposer une barrière à la marche lente, mais progressive, de ces collines mouvantes, c'en est fait de cette cité aujourd'hui si florissante : sa destinée sera bientôt celle de Tyr.

IV

Le Liban. — Ses colléges. — Son aspect. — Sa population. — Origine des Maronites. — Leur attachement pour la France. — Leurs travaux agricoles et leurs couvents.

Beyrouth est un centre d'excursions pleines d'intérêt. De cette ville on peut rayonner le long de la plage, sur les hauteurs du Liban et jusqu'au fond de ses pittoresques vallées. Un de nos compagnons, M. Domergue, visite au pied des montagnes, au fond d'une gorge sauvage, un aqueduc antique dont les trois rangs d'arcades rappellent le Pont du Gard. Nous aurions voulu voir le collége d'Aintourah, dirigé par les Lazaristes, et Ghazir où les Jésuites ont fondé un petit séminaire. Le temps nous a manqué pour ces courses. Ces deux établissements sont un foyer de civilisation pour ces contrées : notre langue sert de base à l'enseignement, et les œuvres de nos grands écrivains sont placées entre les mains d'une jeunesse, qui devient française par le cœur et par l'intelligence. Quelle magnifique influence une telle éducation prépare à notre patrie! c'est comme une petite France qui grandit au sein du Liban, et dans quelques années, le voyageur français qui parcourra les rivages de la Méditerranée, depuis Alexandrie jusqu'à Constantinople, entendra partout résonner la langue de son pays, et retrouvera la forte empreinte de cette éducation qui nous donnera, au sein de ces peuples lointains, des compatriotes et des amis. Ce sont des missionnaires, ce sont des religieuses qui se vouent à cette œuvre féconde, et qui se font en même temps les apôtres de la foi catholique et des intérêts de la France.

Je forme le projet avec M. Boullier de faire une course dans le Liban, de visiter les ruines de Baalbek, les célèbres cèdres de Salomon, et d'aller rejoindre nos compagnons de voyage qui nous ont devancés et qui sont sur la route de Damas.

La chaîne du Liban que nous allons traverser court parallèlement à la mer du nord au midi; tantôt se rapprochant du rivage et s'élevant en rochers abruptes au-dessus des vagues qui se brisent à ses pieds, tantôt s'éloignant de la côte et s'étageant graduellement en ondulations successives qui montent jusqu'au sommet.

Le nom de Liban signifie *blancheur*, et il est ainsi appelé soit à cause des neiges qui couronnent son front, soit à cause de la teinte blanchâtre que revêtent ses cimes dépouillées, et qui lui donne l'éclat du cristal.

L'aspect de cette chaîne a une grandeur et une solennité qui saisit tous les voyageurs. Nos montagnes d'Europe, vues de loin, nous apparaissent à travers une teinte vaporeuse qui en efface les aspérités et leur donne un aspect et une couleur uniformes. Le Liban, au contraire, se montre à nous vivement éclairé par une lumière pure et transparente qui rapproche les distances, accuse tous les contours, et met en relief toutes les découpures des hauteurs les plus lointaines, avec leurs teintes harmonieuses et variées. C'est une beauté dans les perspectives, c'est une magnificence dans les horizons qu'on ne rencontre que sous le ciel d'Orient.

Le souvenir du Liban apparaît souvent dans

les Livres saints. C'est une des limites assignée par le Deutéronome et le livre de Josué à la terre promise. Moïse désire contempler du haut du Phasga ses cimes lointaines. « Je verrai, dit-il, la Terre promise au delà du Jourdain et le Liban (1). Josué eut à combattre les rois qui habitaient le Liban et qui s'étaient ligués avec les ennemis du Peuple de Dieu. David, dans ses Psaumes, emprunte souvent ses images au Liban. Il compare l'orgueil de l'impie aux cèdres du Liban : le juste, au contraire, grandira et se multipliera comme les cèdres qui couvrent ces montagnes (2). C'est du Liban que vient cette épouse mystérieuse que célèbre le Cantique des Cantiques, et Isaïe promit à l'Église la gloire du Liban (3). Cette montagne biblique emprunte une nouvelle grandeur des accents des prophètes qui chantent tour à tour ses cèdres superbes, ses plantes odorantes, ses vins parfumés et ses cimes majestueuses.

Les poëtes arabes ont aussi célébré le Liban dans leurs chants, et avec ces métaphores

(1) Deutéronome, chap. 3.
(2) Psaume 97.
(3) Isaïe, chap. 35.

brillantes qui appartiennent au génie oriental, ils nous le représentent *portant l'hiver sur sa tête, le printemps sur ses épaules, l'automne dans son sein, tandis que l'été dort nonchalamment à ses pieds.*

Deux nations habitent le Liban, les Maronites et les Druses.

Les Maronites descendent des premiers chrétiens de Syrie. Lorsque, sous le règne de l'empereur Héraclius, cette contrée tomba au pouvoir des Perses, la population chrétienne fuyant devant la persécution, alla abriter dans les inaccessibles vallées du Liban son culte proscrit et son indépendance. Ainsi ces montagnes furent pour cette nation fidèle ce que devaient être bientôt les Asturies pour les chrétiens d'Espagne, à l'époque de l'invasion Musulmane, un lieu de refuge contre les persécuteurs de la foi chrétienne.

Vers le septième siècle, cette population de proscrits eut à sa tête un évêque nommé Maron, venu d'un monastère situé sur les bords de l'Oronte. Ce saint pontife maintint la pureté de la foi parmi son troupeau, à une époque où les sectes religieuses divisaient l'Orient. Il ne se borna pas à défendre ses intérêts religieux ; il embrassa aussi, dans son active sollicitude, ses intérêts temporels. Il lui donna une organisation militaire, pour qu'il pût protéger ses montagnes contre l'invasion des bandes ennemies ; il encouragea pareillement l'agriculture et se voua sans réserve au bien de son peuple. Ses bienfaits autant que ses vertus l'élevèrent à la dignité de patriarche du Liban ; les habitants, dans leur reconnaissance, adoptèrent le nom de leur pontife bien-aimé, Saint Maron, et s'appelèrent Maronites.

L'esprit du fondateur se conserva fidèlement au sein de ce peuple. Il continua à soutenir des luttes courageuses pour défendre sa foi et sa nationalité. Lorsque les Croisés, après la prise d'Antioche, s'avancèrent au pied du Liban, les Maronites descendirent de leurs montagnes et allèrent à leur rencontre, leur apportant des vivres et leur servant de guides dans leur marche. Plusieurs d'entre eux s'enrôlèrent sous la bannière de la croix et combattirent vaillamment à côté des Latins. Ainsi, leur fraternité avec la France a commencé sur les champs de bataille : leur sang s'est mêlé au nôtre dans les mêmes combats, et depuis lors, placés sous notre protectorat et sincèrement dévoués à notre cause, ils n'ont cessé de tourner vers notre patrie leurs vœux et leurs espérances.

Ce peuple, à la fois guerrier et agricole, a dû conserver, l'épée à la main, le droit de cultiver la terre et de vivre, dans l'indépendance, du fruit de son travail. C'est à la sueur de son front et souvent aussi de son sang qu'il a fertilisé le Liban. Les premiers travaux sur ces roches arides et le long de ces rapides pentes ont dû être rudes et pénibles. Il fallait vaincre une nature âpre et sauvage, briser le rocher pour y substituer une terre meuble et fertile, soutenir chaque sillon, chaque plan de mûrier et de vigne par une terrasse et échelonner, à force de persistance, une culture riche et variée depuis le pied des montagnes jusqu'à leur sommet. Les moines Maronites, comme dans notre Europe, au moyen âge, ont donné l'exemple à leur peuple, et ont, les premiers défriché ce sol pierreux et stérile. Leurs couvents ont été la première école d'agriculture : les villages les ont imités, et c'est ce travail opiniâtre et persévérant qui a créé la richesse du Liban. Un proverbe dit que là où les Turcs posaient le pied, la terre demeurait stérile pendant sept ans. Mais là où est passée la main industrieuse des Maronites, la montagne s'est couverte de superbes plantations de mûriers, de vignes et de riches moissons. Voyez ces sommets couronnés de villages et de couvents, ces champs étagés, ces jardins et ces vergers? c'est l'œuvre d'un peuple patient, laborieux et chrétien.

La population Maronite s'élève à 250,000 habitants. Le clergé se compose de 1,200 prêtres séculiers, desservant près de 400 paroisses, et d'environ 1,400 réguliers, ou religieux, vivant dans 67 monastères. Il y a en outre 15 couvents de femmes, renfermant près de 300 religieuses. On y voit des Visitandines, qui sont en relation avec les communautés de France. Les religieux appartiennent tous à l'ordre de St-Antoine, et suivent la règle primitive qui est très-austère. L'instruction primaire est généralement répandue parmi les Maronites: presque tous savent lire et écrire. Le clergé compte, il est vrai, peu de savants; mais il n'est pas dépourvu d'instruction, et on n'y trouve point cette ignorance profonde qui déshonore le clergé grec schismatique. La liturgie maronite ressemble beaucoup plus qu'aucune autre liturgie orientale à celle des chrétiens occidentaux. Elle est en langue syriaque : mais le Saint-Siége autorise à lire aussi en Arabe, qui est la langue vulgaire, les évangiles et les leçons.

Les Maronites, ces alliés séculaires de la France, se sont vus, pendant ces dernières années jusqu'en 1848, tristement délaissés par une politique timide et pleine d'hésitation, et ils ont été à la fois les victimes de l'oppression brutale des Turcs, des manœuvres perfides de la Russie, des intrigues de l'Angleterre qui, à cette époque, faisait cause commune avec le Czar pour combattre l'influence française en Orient, et des prédications violentes des missionnaires protestants d'Amérique, qui ont semé la discorde dans le Liban et armé les Druses contre les chrétiens. La pauvre nation maronite, à la vue de ses champs dévastés, de ses maisons livrées aux flammes, de ses églises profanées, de ses enfants égorgés et fendus en deux par l'épée barbare des Druses, a poussé un cri de détresse : la France l'a entendu. Elle s'est souvenue que dans les capitulations de Henri IV et de Louis XIV avec les Sultans, ses rois portaient le titre de *Protecteurs uniques des chrétiens du Liban*, et grâce à son intervention généreuse, les Maronites ne sont plus opprimés et peuvent cultiver en liberté les champs de leurs pères.

V

Les Druses. — Leur origine. — Leur religion. — Course dans le Liban.

Si les Maronites malheureux et persécutés nous rappellent la simplicité des mœurs, le travail et la double fidélité à la foi catholique et à l'amitié séculaire de la France, les Druses leurs adversaires n'ont laissé que des souvenirs de violence, de pillage et de cruauté.

Ils ont eu pour fondateur un féroce tyran, nommé Hakem, khalife d'Égypte. Ce monstre couronné qui se traîna dans la boue et le sang, et qui, après avoir fait mourir un grand nombre de ses sujets, comme un autre Néron, brûla sa capitale, voulut, dans sa démence, se faire adorer comme Dieu; et cet être immonde, que ses vices et ses crimes devaient faire à jamais exécrer, trouva des adorateurs. Un turc avili, lâche courtisan de son maître, se fit le prophète de cette religion nouvelle; il s'appelait Durzi, et c'est de lui que les Druses tirent leur nom. Ce culte consistait principalement dans d'infâmes pratiques ; c'était le culte de la débauche. Une conspiration débarrassa l'Égypte de ce dieu: mais son culte lui survécut. Ses sectateurs préférèrent prendre le chemin de l'exil, plutôt que d'abandonner une religion qui favorisait les plus grossiers penchants; ils se refugièrent, au XIe siècle, dans le Liban et y portèrent la violence et la perfidie. Les Maronites furent souvent attaqués par ces hôtes dangereux et durent leur abandonner une partie de leurs possessions.

Cette race turbulente et guerrière acquit, un moment, une grande puissance, grâce au courage et à l'ambition du célèbre émir Fakerdin. Des bandes audacieuses, conduites par ce chef habile, s'emparèrent d'une grande partie de la Syrie et s'établirent dans les principales villes de la côte. Cette domination fut brillante, mais courte. Forcé de s'éloigner devant un ennemi plus nombreux, Fakerdin vint chercher du secours en Italie. Il parut à la cour des Médicis de Florence, et chercha à s'attirer les sympathies des princes italiens en se faisant passer pour un descendant des Croisés qui s'étaient établis dans le Liban. Il y en eut qui voulurent trouver l'origine des Druses dans le nom des comtes de Dreux, et ils prétendirent que c'était une colonie de soldats croisés, commandés par un chevalier de cette noble famille, qui avait donné naissance à cette tribu. La puissance de cette peuplade s'éteignit avec Fakerdin.

La religion des Druses est enveloppée de mystères. Ce sont des pratiques occultes connues des seuls initiés et qui sont cachées au vulgaire. Hakem, leur fondateur, est pour eux une incarnation de la Divinité. Ils adorent un veau d'or, et ce doit être un souvenir du bœuf Apis égyptien, ou plutôt du veau d'or des Hébreux. Ils croient à la métempsycose. L'Évangile est pour eux, comme le Koran, l'objet d'un respect religieux. Ils n'ont pas de temple consacré à la Divinité : leurs assemblées sont secrètes ; elles se tiennent pendant la nuit sur une colline, ou au pied d'un grand arbre.

Les Druses atteignent à peine le chiffre de 30,000. Mais ce qui leur manque du côté du

nombre, ils le gagnent en audace et en bravoure, et c'est ce qui explique le succès de leurs attaques contre les Maronites. Ceux-ci, quoique cinq fois plus nombreux, n'ont pas su résister à leurs adversaires, et l'on a vu, il y a quelques années, quelques hordes Druses promener le pillage, l'incendie et le meurtre à travers les villages Maronites. Il faudrait à ceux-ci, avec beaucoup plus d'énergie, une plus grande union, et un chef habile pour les commander. Les Maronites semblent avoir perdu le caractère guerrier qui les a distingués à leur origine, pour devenir une population agricole, tandis que le Druse a toujours conservé sa nature inquiète, ardente et farouche. Aussi il est facile de distinguer ces deux races aux seuls traits du visage : l'une a l'air bon, simple, inoffensif et bienveillant, vous reconnaissez le Maronite ; l'autre a dans sa démarche quelque chose de fier, de hardi, de dur et d'insolent : c'est le Druse. Quand nos missionnaires pourront-ils ne faire de ces deux peuples divisés qu'un seul peuple, et les unir dans la fraternité d'une même foi ? C'est alors que le Liban recouvrera cette gloire qu'avait chantée le prophète Isaïe :
Gloria Libani data est ei.

La partie de cette montagne que nous allons parcourir est principalement habitée par les Maronites. Nos préparatifs de voyage sont vite faits : nous achetons quelques provisions, et nous louons d'excellents chevaux chez un maquignon italien, le signor Peterlini, ancien chef des écuries de Mehemet-Ali en Égypte, établi aujourd'hui à Beyrouth. J'ai la bonne fortune d'avoir pour compagnon de voyage le premier artiste et le meilleur chasseur de la caravane, M. Eugène Boullier : c'est une nature chevaleresque, qui tient à la fois du soldat et du poète et qui unit à une imagination vive et colorée un cœur éminemment sympathique et un caractère franc, loyal et intrépide. On se fait vite un ami d'un tel compagnon ; on oublie avec lui les fatigues des longues courses et le voyage présente un charme de plus. A nous deux, nous allons franchir les hauteurs du Liban, traverser la plaine déserte de Bkâa et visiter les grandes ruines de Bâalbek. Nous avons pour drogman un bon Maronite qui paraît intelligent et dévoué et qui parle assez bien l'italien. Un superbe nègre nous accompagne en qualité de *saïs* (palefrenier arabe) pour soigner nos chevaux.   4.

Nous voici en route, à cinq heures du matin. Le drogman Salek ouvre fièrement la marche, avec son keffié bariolé de jaune et de rouge qui couvre sa tête et qui flotte sur ses épaules. La ville est encore endormie. On se lève tard en Orient. Le pavé sombre des rues retentit sous les pieds de nos chevaux. Boullier qui, par ses connaissances hippiques, a su gagner les bonnes grâces du signor Peterlini, a obtenu pour faire cette course, un jeune cheval arabe plein de vigueur, qui frémit, impatient, sous la main, et dont il a peine à contenir l'ardeur.

La matinée est ravissante, et nous respirons avec joie cette fraîcheur matinale, si délicieuse sous le ciel d'Orient. Le long de la route, s'étendent des jardins plantés de mûriers et de citronniers. Des haies de roseaux secouent sur nos têtes leur longue chevelure humide de la rosée du matin. Nous rencontrons une rivière: c'est le Nahr-el-Bairuth, le Magoras des anciens. Un vieux pont romain unit les deux rives: le lit est presque à sec, et d'épaisses touffes de lauriers roses ombragent les bords.

Recueillons ici une légende. A une faible

distance de cette rivière, au dire d'un vieux chroniqueur, *M. Saint-George occist un serpent*, et délivra la fille d'un roi que le monstre était sur le point de dévorer. Ne serait-ce pas un souvenir d'Andromède dont la mythologie place la délivrance non loin de ces rivages, ou peut-être la tradition légendaire du triomphe du christianisme sur l'idolâtrie, symbolisée par le cruel serpent ?

La route longe la mer, et, en quittant les jardins, nous cheminons le long de la plage, sur un sable fin, humide et consistant. La vague vient baigner les pieds de nos chevaux, et semble jeter sur la grève avec sa blanche écume, comme une dentelle d'argent. Quelques navires sont à l'ancre, dans cette vaste baie qui offre un mouillage plus sûr que la rade de Beyrouth : des pêcheurs traînent péniblement à terre leurs longs filets qu'ils ont plongés dans la mer. Des groupes de Maronites descendent des montagnes et portent leurs denrées à la ville. Le Liban se dresse devant nous dans toute sa majesté : la base est encore dans l'ombre; mais les premières lueurs de l'aube illuminent les cimes et courent de pic en pic sur les flancs de la montagne qui revêt des teintes magnifiques. La beauté calme et simple de ces scènes matinales nous pénètre d'une joie intime, et il nous vient de cette nature si fraîche, de ce ciel si pur, de cette mer qui nous envoie le long murmure de ses flots, je ne sais quelle impression d'ivresse et de bonheur qui éclate en cris fréquents d'admiration.

Après une heure de marche sur cette belle plage, nous quittons les bords de la mer pour gravir la montagne. Un couvent maronite avec son humble chapelle est paisiblement assis à notre gauche, sur les premières pentes. C'est le couvent d'Élie, nous dit notre drogman, et le ruisseau qui coule au pied porte le même nom, Nahr-Élias. L'ascension est rude et fatigante : nous suivons un sentier pierreux et escarpé, qui aborde de front les pentes les plus rapides. Nous ne rencontrons qu'une roche nue et dépouillée : la riche végétation de la plaine n'est pas arrivée jusqu'ici. A mesure que nous montons, l'horizon s'élargit et le coup d'œil devient ravissant. Nous nous retournons souvent pour admirer Beyrouth avec sa verte ceinture de jardins, la vaste plaine avec ses bois d'oliviers et de pins, et la mer qui étincelle sous les feux du soleil levant.

Après avoir gravi les premières hauteurs, le guide nous montra à notre gauche, vers le levant, une vallée étroite, au fond de laquelle coule le Fleuve-du-chien, *Nahr-el-kelb*, le Lycus des anciens : c'est-là qu'est le site gracieux d'Aintourah avec son collége. Voici, à l'embouchure du Lycus, le promontoire sur lequel sont gravées les inscriptions et les figures qui ont exercé la sagacité des archéologues. C'est d'abord une inscription romaine où on lit le nom d'Antonin-le-Pieux qui a fait tailler la voie dans le rocher. Plus loin, on voit des sculptures à moitié frustes dans lesquelles on a cru reconnaître des rois Assyriens coiffés d'un bonnet persan, au profil raide, avec une barbe tressée et terminée en pointe : il reste quelques fragments presque méconnaissables d'inscriptions cunéiformes. C'est l'opinion de M. de Saulcy, qui a étudié avec soin ces figures et qui y a retrouvé un souvenir du passage des rois Assyriens sur cette côte. D'autres antiquaires ont assigné à ces sculptures un caractère égyptien, et les font remonter à Sésostris. Ne pourrait-on pas y voir un souvenir de tous les conquérants qui depuis Sésostris jusqu'à Nabuchodosor ont traversé la Syrie et suivi cette voie antique, et ne pourrait-on pas admettre le mélange de bas-reliefs égyptiens et de sculptures assyriennes ?

Le Lycus, *Nahr-el-kelb*, qui coule au pied du promontoire qui porte son nom, sort d'une caverne qui est remarquable par ses stalactites et ses ossements fossiles. Un de nos compagnons de pèlerinage, qui a parcouru cette contrée quelques jours avant nous, M. l'abbé Le Rebours a voulu explorer cette grotte : ce n'a pas été sans danger, et notre drogman Salek qui l'accompagnait, et qui a jugé prudent de ne pas le suivre dans cette exploration, nous raconte que l'intrépide abbé marchant, à la lueur incertaine d'une torche enflammée, sur un sentier étroit et glissant, a été exposé à rouler dans le fleuve qui coule à une grande profondeur, au milieu des rochers.

A mesure que nous nous élevons, la culture reparaît, et nous rencontrons ces terrasses superposées qui soutiennent les terres et qui attestent la patiente industrie d'un peuple laborieux. Chaque sommet est couronné par un village ou par un couvent. Les habitations ont quelque chose de pittoresque comme les sites : elles sont formées d'énormes blocs, grossièrement équarris, qui rappellent l'appareil en bossage des anciennes constructions juives de la Palestine: elles sont basses, étroites, et le toit est terminé en terrasse. Tout autour sont de verts enclos dans lesquels nos yeux revoient avec plaisir les plantes légumineuses de nos jardins d'Europe. Les populations se livrent aux travaux des champs : les hommes défoncent le sol, relèvent les murs éboulés des terrasses : ils tracent des sillons avec des charrues traînées par des vaches, comme les paysans de mes chères montagnes. Les vignes alternent avec les mûriers, et produisent ce vin renommé qui doit à sa couleur pâle et jaune le nom de vin d'or du Liban.

Voici venir un groupe de voyageurs qui portent le costume européen ; parmi eux, nous remarquons des enfants et des dames. Notre guide échange quelques mots avec un des hommes du cortége, et nous apprend que c'est la famille du Consul général de Russie, qui descend en toute hâte, à la nouvelle des bruits de guerre qui sont arrivés jusqu'ici, du couvent grec où elle a coutume d'aller passer la saison d'été, et qui se prépare à quitter Beyrouth. Le chef de cette famille est M. Basili, l'habile diplomate, qui a si bien secondé dans ce poste la politique de la Russie, et qui a si souvent combattu l'influence française. Il doit lui en coûter de quitter une contrée où il avait activement travaillé à rallier les Grecs, ses coréligionnaires, à la cause de la Russie. Aussi, nous remarquons que les membres de cette famille ont l'air abattu, et portent sur leur visage la trace visible des tristes préoccupations qui les agitent. Nous leur prouvons par notre salut que des Français peuvent combattre la politique ambitieuse du Czar, mais qu'ils n'ont pas de rancune contre ses sujets.

VI

Bicfaïa. — Maison des Jésuites. — Le P. Estève. — Visite à l'Émir Haïder.

Après cinq heures de marche, nous arrivons à Bicfaïa où nous attend une aimable hospitalité. Ce village occupe une heureuse position sur les hauteurs du Liban, et les Européens de Beyrouth viennent chercher, tous les ans, sous ses frais ombrages, un abri contre les brûlantes chaleurs de la plaine. Les maisons sont éparses au milieu des jardins; des eaux vives courent en murmurant le long des sentiers, et une végétation vigoureuse forme, à travers les habitations et les enclos, de beaux massifs de verdure. L'établissement des Jésuites, qui ont ouvert depuis quelques années une mission à Bicfaïa, et la présence de l'émir Haïder qui y a fixé sa résidence, donnent à ce village une importance qui grandit tous les jours.

Nous descendons à la maison des Pères. J'y rencontre un missionnaire originaire comme moi du midi, et dont j'avais souvent entendu prononcer le nom avec un sentiment de pieuse admiration, au grand Séminaire de Montpellier : c'est le P. Estève. Je lui apporte des nouvelles de sa famille et de ses amis, qui ne l'ont pas vu depuis bien des années. Je le trouve malade et miné par la fièvre. Sa figure amaigrie et fatiguée accuse les ravages du mal, et sa longue barbe commence à blanchir dans les rudes travaux de l'apostolat. Il nous accueille avec un visage calme et souriant, et nous voilà à causer de Montpellier, sa ville natale qu'il n'a pas revue depuis si long-temps, de ses parents qui redisent son nom avec une affection que les distances augmentent, et de ses amis. On comprend le charme de ces entretiens. Parler de la patrie, si loin d'elle, avec un compatriote, c'est une jouissance si douce dans les voyages !

Le P. Estève est l'apôtre du Liban ; il en parle la langue avec une facilité qui le fait prendre pour un Arabe. Il y a vingt-cinq ans qu'il parcourt ces montagnes avec un zèle infatigable : les Druses comme les Maronites ont entendu sa parole et l'entourent d'une égale vénération. Plusieurs familles Druses ont même reçu le baptême de ses mains. L'ignorance religieuse était grande au sein de ces populations, et pour y obvier le P. Estève, avec ses collègues, a organisé des bandes de catéchistes qui se répandent le dimanche dans les villages, réunissent les enfants, les fidèles eux-mêmes, et leur répètent les enseignements de la foi. Le clergé indigène, pauvre comme ses ouailles, était condamné, pour vivre, à se livrer à des travaux manuels. Il lui restait peu de temps pour acquérir la science ecclésiastique et pour instruire son troupeau. Les Pères ont déjà formé un clergé plus régulier, plus éclairé, et qui comprend mieux sa mission.

Il est un service signalé que le P. Estève a rendu aux habitants de Bicfaïa, et qui lui donne un éternel droit à leur reconnaissance. C'était en 1838, lorsque Méhémet-Ali, pacha d'Égypte, se rendit maître de la Syrie. L'Angleterre, jalouse des succès du prince égyptien, envoya des émissaires qui parcoururent le Liban, excitant les populations à la résistance et leur promettant des armes. Le P. Estève, qui prévit que la lutte serait inégale et n'aboutirait qu'à provoquer les vengeances du vainqueur; sachant d'ailleurs, de quel côté étaient les sympathies de la France, travailla activement à combattre les menées de l'Angleterre, et engagea les populations à déposer toute hostilité en face d'une armée nombreuse et habilement commandée. Il intercepta les lettres que faisaient circuler les agents anglais : une frégate anglaise stationnait dans une rade voisine et débarquait des convois d'armes et de munitions pour les Maronites et les Druses. Il détourna les populations voisines de répondre à cet appel. Ce conseil sauva Biefaïa.

Ibrahim Pacha s'avançait à la tête de son armée, mettant tout à feu et à sang, dans les lieux où il rencontrait la résistance. Quelques coups de fusil partis d'un village voisin, qui avait été sourd aux sages avis du Père, provoquèrent la vengeance des soldats qui poursuivirent les habitants comme des bêtes féroces, pillèrent les maisons et les livrèrent aux flammes. Le missionnaire, craignant que ces bandes, avides de pillage, n'envahissent Biefaïa et n'attaquassent une population inoffensive, se décida à aller trouver lui-même

Ibrahim-Pacha, et à placer ses catholiques sous sa protection.

Il reçut un accueil distingué du fils du Vice-Roi d'Égypte. Le prince le fit asseoir à ses côtés sur un tapis étendu à l'ombre d'un grand chêne. Ils fumèrent le schibouk ensemble, et Ibrahim-Pacha, plein d'égards pour son hôte, lui promit de faire respecter par ses troupes les propriétés et les habitants de Bicfaia. Le P. Estève, se conformant aux usages de l'Orient avait apporté avec lui quelques présents destinés au prince et à sa suite : c'étaient des outres contenant du fameux vin d'or du Liban. Le présent fut parfaitement accueilli, en dépit de la loi de Mahomet : Ibrahim et ses officiers y firent honneur, et les coupes remplies circulèrent joyeusement dans les rangs de l'état-major. Les officiers ne furent pas moins courtois que leur chef; ils prirent Bicfaïa sous leur sauvegarde, et placèrent des sentinelles aux avenues du village pour veiller à la sécurité des habitants. Nous avons vu sur les bords de la route, le magnifique chêne à l'ombre duquel le P. Estève eut cette entrevue avec le prince égyptien. Cet arbre est désormais historique et perpétue le souvenir de l'industrieuse prudence du bon Père.

La maison des Jésuites est agréablement située sur une large plate-forme que quelques arbres ombragent. Elle sert à la fois de demeure aux missionnaires et d'école aux enfants du village. A côté s'élève l'église récemment construite sous le charmant vocable de Notre-Dame-Libératrice — *Saïdat-Ennéjah.* Ce n'était, il y a quelques années, qu'une étroite masure, pauvre et nue comme l'habitation des Pères. Mais, grâce à l'industrie des missionnaires et au concours de la population, l'étroite chapelle s'est transformée en vaste et belle église. Tous les dimanches elle voit se presser dans son enceinte une nombreuse affluence de fidèles, et devient un lieu de pèlerinage pour les villages voisins. Le nom de Notre-Dame-Libératrice devient célèbre sur ces montagnes et est invoqué avec une pieuse confiance par ces populations chrétiennes. Puisse ce nom plein d'espérance affranchir le Liban du culte grossier des Druses et faire briller à tous les yeux la douce et pure image de la Mère de Dieu !

Le palais de l'émir Haïder est à une faible

distance de la maison des missionnaires. Ce prince a quitté Salima, où est le palais de ses pères, pour venir fixer son séjour à Bicfaïa. Le motif qui l'a déterminé à ce changement de résidence, c'est, à part l'heureuse position du village, la présence des missionnaires, et la pieuse église qu'ils ont bâtie. Il a voulu, dit-il, se placer sous la protection de Notre-Dame-Libératrice, et finir ses jours à l'ombre de son sanctuaire. Nous tenons à lui offrir nos hommages, et le P. Abougit, le collègue du P. Estève, veut bien nous accompagner et nous présenter lui-même au prince.

Le palais de l'émir est loin de rappeler une demeure princière. On n'y retrouve point ce luxe et cette magnificence orientale qui resplendissaient dans la royale habitation de son fastueux prédécesseur, le prince Beschir. On dirait une maison ordinaire, et rien au dehors n'annonce le séjour du chef du Liban. Nous traversons des cours où piaffent quelques chevaux arabes, et nous montons les marches d'un large escalier qui conduit à une terrasse élevée sur le devant de l'habitation. C'est là que nous voyons l'émir modestement assis sur un banc de pierre, et entouré des scheiks de la montagne et de solliciteurs qui viennent présenter des suppliques. Des secrétaires, portant à la ceinture cette écritoire de métal qui n'abandonne jamais l'Arabe lettré, s'empressent à ses côtés : les uns lui donnent lecture des demandes qui lui sont adressées; les autres lui présentent les réponses qu'ils viennent de faire; le prince les parcourt rapidement, et y appose en forme de sceau son anneau qu'il trempe dans l'encre.

A la vue du missionnaire qui conduit deux étrangers, les rangs s'ouvrent, et l'émir nous salue et nous invite par un geste affectueux à venir nous placer à ses côtés. Le P. Abougit qui nous sert d'interprète, lui dit que nous sommes des pèlerins français venus de Jérusalem, et que nous sollicitons comme une faveur d'être admis à présenter nos hommages à un prince chrétien dont nous avons entendu louer la justice et la haute piété. Tous les regards se portent sur nous avec une curiosité respectueuse, et l'émir nous questionne avec un bienveillant intérêt sur notre pèlerinage et sur la France. Tandis que le P. Abougit nous traduit ses demandes et lui transmet nos réponses, les serviteurs nous apportent des rafraîchissements dans de charmantes tasses d'une exquise élégance.

Lorsque nous prenons congé de l'émir, mon compagnon de voyage, M. Boullier ravi de cet aimable accueil, lui promet qu'à son retour d'Orient, s'il peut, comme il en a le projet, aller se prosterner à Rome aux pieds du Souverain Pontife, il lui demandera sa bénédiction pour le prince du Liban, pour sa famille et pour son peuple. Pour moi, je lui dis qu'en le voyant ainsi assis sous le vestibule de son palais, entouré de ses sujets, accessible à tous, sans aucun appareil qui annonce la puissance, j'ai cru voir le plus saint de nos rois de France, Saint Louis, rendant comme lui la justice à son peuple, à l'ombre d'un chêne, et comme lui se laissant approcher de ses sujets.

L'émir a la droiture et la piété du royal justicier de Vincennes, et les populations sont unanimes pour louer son équité et ses hautes vertus. Il paraît avoir plus de 60 ans. Ses traits présentent un mélange de douceur et d'autorité, et en voyant cette figure maigre et austère tempérée par la bonté, on comprend qu'il doit être le père de ses sujets.

La princesse informée de la présence des pèlerins *francs*, nous fait témoigner le désir de recevoir notre visite. Nous sommes introduits par le P. Abougit : elle nous accueille avec une grâce charmante, et apprenant que je suis prêtre, elle prend ma main et la porte à ses lèvres et à son front en signe de respect. Nous prenons place à ses côtés sur les tapis du divan. Il faut s'asseoir à la manière orientale, ou plutôt s'accroupir sur ses jambes croisées ; position singulièrement gênante pour des Européens dont les membres n'ont pas assez de souplesse pour se prêter à cette attitude. Aussi je ne puis m'y faire, et j'étends sans façon mes jambes sur le tapis.

La bonne princesse nous assiége de questions sur les Lieux Saints que nous venons de visiter, sur notre patrie et notre famille. Elle remarque sur la figure pâle et maigre de M. Boullier, quelques traces de fatigues du voyage, et elle s'enquiert avec une bonté compatissante de l'état de sa santé. Nous remarquons la richesse de son costume. Elle porte autour du cou une superbe rivière de gros diamants d'où pend sur sa poitrine une croix étincelante de pierreries.

Sur un signe de la princesse, deux femmes qui sont debout devant nous, attendant les ordres de leur maîtresse — ce sont probablement ses dames d'honneur — s'empressent d'aller préparer un schibouk pour chaque visiteur et d'apporter le café ; et nous voilà savourant le charme de cette hospitalité orientale.

La princesse voudrait nous retenir à dîner ; mais le peu de temps que nous avons à passer à Bicfaïa ne nous permet pas d'accepter cette gracieuse invitation. Nous la remercions, en lui disant que l'accueil bienveillant qu'elle nous a fait est pour nous un délicieux rafraîchissement qui nous fait oublier les fatigues du voyage : elle nous répond avec amabilité que la visite des deux pèlerins est une bénédiction pour sa demeure.

Nous allons saluer encore les jeunes princes, petits-fils de l'émir, qui occupent un pavillon séparé. Nous les trouvons avec leur précepteur. Ce sont quatre charmants adolescents de 10 à 15 ans, d'une figure ingénue et candide, qui nous prennent affectueusement les mains, les approchent de leur bouche et de leur front, et nous expriment la vive joie qu'ils éprouvent de voir des Français. L'etude de notre langue fait partie de leur enseignement, et c'est en français qu'ils essaient timidement de répondre à nos questions. On leur a associé quelques autres enfants de leur âge, afin de provoquer l'émulation pour le travail. C'est aux Jésuites que l'émir voulait confier l'éducation de ses petits-fils ; mais ceux-ci ont modestement décliné cet honneur. Missionnaires, ils ont préféré les rudes travaux de l'apostolat à travers les montagnes aux douceurs d'une vie paisible dans un palais. Mon compagnon de voyage prend dans son album quelques gravures religieuses et les offre aux jeunes princes comme un souvenir de notre visite. Ce petit don destiné à leur rappeler le passage des *frangis* les rend heureux, et ils nous en remercient avec effusion. Aimables enfants, qu'une simple image rend si joyeux! ils auront les vertus de leur noble aïeul, et feront un jour comme lui, je l'espère, le bonheur du Liban.

Nous visitons la chapelle du palais ; elle est simple et recueillie : ce sont les jeunes princes qui se plaisent à la décorer. L'émir entend tous les jours la messe avec sa famille : les fonctions d'aumônier sont remplies par un prêtre Maronite. Mais souvent le prince va assister avec ses petits-fils aux offices de l'église des Jésuites, et on le voit comme un simple fidèle, au milieu de la foule, pieusement agenouillé sur le pavé du temple.

Le palais renferme à l'intérieur, à la hauteur du premier étage, une belle cour pavée en marbre et flanquée à ses angles de quatre pavillons reliés entr'eux par des arcades. Ces pavillons forment les divers logements de la famille de l'émir. Au centre de la cour, un bassin de marbre laisse échapper un jet d'eau qui retombe en murmurant. On jouit, à travers les arcades, d'une vue magnifique. Le regard plonge de cette hauteur dans des vallées profondes et descend jusqu'à la mer. La vue de cette brillante nappe d'azur à travers l'arcade ogivale, qui lui sert d'encadrement, a quelque chose de saisissant, et l'on dirait, par une singulière illusion d'optique, que cette mer, qui est à six lieues de distance, baigne les murs du palais.

Après cette visite si intéressante pour nous, nous dirigeons nos pas vers la maison des missionnaires, et nous prenons place à leur table hospitalière. Les bons Pères se mettent en frais pour régaler leurs convives. Mais ce qui fait le charme de ce repas, ce n'est pas le célèbre vin d'or du Liban, mais la franche cordialité de nos hôtes, et cette conversation intime dans laquelle les souvenirs de la France se mêlent à ceux de l'Orient.

Il faut s'arracher à ces doux entretiens et poursuivre notre route. Il est plus d'une heure, et il nous reste encore un long trajet à faire pour atteindre notre station du soir. Nous embrassons une dernière fois le P. Abougit, qui s'est fait, avec une si aimable obligeance, notre guide et notre interprète, et cet excellent P. Estève qui s'est levé, quoique souffrant encore, pour nous faire ses adieux. Bons Pères! leur souvenir sera associé dans mon cœur à mes plus douces impressions du Liban.

Nous saluons en passant Notre-Dame-Libératrice, et montant à cheval, nous continuons notre marche.

VII

Départ de Bicfaïa. — Le sommet du Liban. — Zahleh. — Maison des Jésuites. — Plaine de Baalbek. — Villages Metualis. — Rencontre de cavaliers arabes. — Campement d'une tribu de Bédouins. — Arrivée à Baalbek.

Ce n'est pas un des moindres charmes des voyages que ces haltes délicieuses que l'on rencontre le long de la route, et ces hôtes aimables dont on se fait des amis; mais c'est là aussi ce qui laisse dans l'âme bien des regrets. On ne peut se défendre d'un sentiment de tristesse, en quittant ces amis qu'on n'a fait qu'entrevoir, avec lesquels on voudrait prolonger son séjour. Quelle charmante étape pour nous que celle de Bicfaïa! comme nous sommes touchés de cet accueil affectueux que nous avons reçu dans la maison des missionnaires et au palais de l'émir! Mais il faut trop tôt dire adieu à ces visages amis, et donner une dernière étreinte à ces mains qui semblent vouloir nous retenir encore. Nous semons ainsi, le long du chemin, nos regrets,comme nos affections. Il y a plus que quelques pièces d'or et d'argent pour payer les frais de l'hospitalité; il y a encore la monnaie du cœur, et celle-là aussi a cours en voyage, surtout dans le Liban : nous acquittons avec elle notre dette envers les bons Pères Jésuites; ils n'en acceptent point d'autre. C'est ainsi que le voyageur laisse comme une partie de son cœur partout où l'accueil est bienveillant. Il est vrai que ce sont pour lui de doux souvenirs, dont il se fait des compagnons de route, et qu'il aime à repasser en lui-même, quand la marche est pénible, pour en adoucir les fatigues. Ainsi nous emportons le souvenir de Bicfaïa et de ses hôtes, comme pour rafraîchir nos âmes.

Le chemin est toujours escarpé ! Quelques bouquets de chênes apparaissent de loin en loin sur les cimes qui s'élèvent à notre droite. Un détour du sentier que nous suivons va nous dérober la vue du village de l'émir et des Pères, et nous lui envoyons un dernier adieu. Après une heure d'ascension, nous traversons un bois de superbes pins-parasols agréablement placés le long de la route pour offrir leur ombre au voyageur. A droite et à gauche de la crête que nous suivons, s'ouvrent des vallées profondes, cachant dans leurs plis de nombreux villages, et s'élargissant à mesure qu'elles descendent vers la plaine de Beyrouth. Sur les flancs opposés de celle qui est à notre droite, se détache Solima, patrie de l'émir Haïder. Nous distinguons le palais qu'il habitait avant d'aller établir sa résidence à Bicfaïa. Il présente de loin un aspect imposant, et l'on dirait un de nos châteaux féodaux du moyen-âge.

Voici sur un plateau élevé une chapelle maronite qu'ombragent des chênes magnifiques. Elle paraît bien pauvre, comme les fidèles qui viennent prier dans son enceinte. Mais elle emprunte je ne sais quoi de saisissant pour le voyageur, de la beauté de son site, des grands arbres qui l'abritent et de l'aspect grandiose et sauvage de ces montagnes. Une église, quelque humble qu'elle soit, est toujours belle sur ces hauteurs. Un vieillard est assis à côté sur un siége de pierre: il se lève à notre approche et nous salue d'un air plein de bonté. Ce doit être le prêtre de cette chapelle. Quelques pauvres masures sont éparses sur ce plateau. La vigne est encore cultivée sur ce sommet ; mais elle ne dépasse pas cette zone.

Il faut toujours monter. Le sentier abrupte serpente à travers des roches poreuses, tourmentées, corrodées par les frimats de l'hiver, hérissées d'aspérités aigües, et présentant les formes les plus bizarres. Nous rencontrons une source abondante, qui servait autrefois à faire mouvoir un moulin dont nous voyons les ruines. Deux voyageurs viennent s'y désaltérer comme nous. L'un d'eux, jeune enfant de 15 ans, nous salue avec beaucoup de grâce, en français. Je me sens ému à ces accents connus qui viennent frapper mon oreille, et tendant la main au jeune Maronite, je lui demande où il a appris à parler la langue de la France : il me répond que c'est au collége de Ghazir, et qu'il est élève des Jésuites. Ces doux sons de la patrie, sur les sommets du Liban, me font tressaillir, et j'applaudis au dévouement de ces maîtres qui forment, au sein de ces montagnes, une jeunesse qui devient de plus en plus française par le cœur et par la parole.

Des scories de forges attirent notre attention et indiquent la présence de quelqu'ancienne usine qui devait avoir ce courant d'eau pour moteur. Il existe dans le Liban des mines de houille et de fer, et il y a eu quelques essais d'exploitation sous la domination de Méhémet-Ali. N'est-ce pas à cette contrée que se rapportent ces paroles de Moïse : « Ses pierres sont de fer, et l'on extrait l'airain du flanc de ses montagnes (1) ? » Mais toutes ces richesses enfouies dans le sol demeurent inutiles par l'inertie du gouvernement turc.

A mesure que nous nous élevons, les arbres disparaissent. La bruyère seule se montre, sur ce sol granitique et schisteux, avec quelques touffes de hautes fougères. Voici cependant, près d'une source, des bouquets d'arbustes en fleurs, qui me rappellent les rhododendrons des Alpes. Ces charmantes fleurs roses sont le dernier sourire de la nature sur ces cimes sauvages. Nous rencontrons encore dans cette âpre région, quelques pauvres chaumières et des champs cultivés. Le courageux Maronite s'est élevé plus haut que les chênes de ses vallées, et il lutte par un tra-

(1) Deutéronome, chap. VIII.

vail opiniâtre, sur ces sommets désolés, contre les rigueurs de l'hiver et la stérilité d'un sol ingrat qu'il féconde à force de sueurs.

Cette montagne qui se dresse à notre gauche, doit être le Sannin. C'est d'elle que parlait le prophète Ezéchiel, quand il disait à Tyr : « Tes vaisseaux sont construits avec les sapins de *Sanir* (1) ? » Les sapins ont disparu avec la gloire de Tyr, et le Sannin montre aujourd'hui sa tête découronnée.

Nous atteignons enfin, après dix heures d'ascension, le point culminant de cette partie du Liban. Nous devons être à plus de deux mille mètres au dessus du niveau de la mer. La température est froide à cette hauteur, et nous sentons l'impression vive et pénétrante de l'air. Il y a encore ici des sources et des prairies. Le gibier abonde sur ce plateau. Nous faisons lever un superbe vol de perdrix devant nous. Si elles passaient à la portée du fusil de M. Boullier, nul doute que quelques-unes ne vinssent augmenter nos provisions de voyage.

La nuit nous surprend sur ces sommets et nous empêche de jouir des vastes horizons

(2) Ezéchiel, chap. XXVII.

que le regard peut embrasser avec le jour. La lune vient heureusement éclairer notre marche, et c'est à sa pâle clarté que nous descendons, par une pente très-rapide, le versant opposé du Liban. Nous passons auprès d'un Kan déjà occupé par une caravane. Il faut descendre pendant deux longues heures pour arriver à Zahleh. Il est bien tard lorsque nous y entrons. Le guide nous conduit dans une maison grecque où nous trouvons un logement assez propre, chose si rare en Orient. On m'avait donné à Beyrouth l'adresse d'un médecin vénitien, que les révolutions de l'Italie ont jeté sur cette terre lointaine. En attendant que notre hôtesse ait préparé le repas, je me fais conduire chez le pauvre exilé de Venise. Un enfant de l'Italie dans le Liban est presqu'un compatriote pour un Français. Il se montre touché de l'intérêt que je lui témoigne. La profession de médecin lui a attiré l'estime et la considération des habitants. Mais au milieu de ses courses continuelles pour visiter les malades, il n'a pas oublié la patrie absente, et je vois une larme dans ses yeux au souvenir de *Venezia la bella*. Pauvre proscrit ! il trouve amer le pain de l'exil, quoiqu'il soit gagné par un travail honorable, et souvent, lorsqu'il franchit les hauteurs du Liban, il doit jeter un long regard plein de tristesse sur cette mer qui le sépare de sa chère Italie.

Après notre souper, je vais frapper à la porte de la maison des Jésuites, qui ont ouvert depuis quelques années une mission à Zahleh. Après quelques moments d'hésitation, causés par l'heure indue de cette visite tardive, le frère portier se décide à m'ouvrir. Le P. Riccadona, un des premiers fondateurs et le chef de cet établissement est absent, et le P. Planchet, qui a longtemps évangélisé cette partie du Liban, a été récemment nommé par le St-Siége, délégat de la Mésopotamie. Les Pères qui restent sont tous Italiens. Leur accueil, sans être aussi cordial que celui des Jésuites français de Bicfaïa, est plein de bienveillance. Ils m'intéressent vivement par les détails qu'ils me donnent sur l'état religieux de cette contrée.

La ville, qui renferme près de treize mille habitants, est en grande partie catholique. C'est un mélange de Grecs unis qui ont un évêque à leur tête, de Maronites et de Grecs schismatiques. Les missionnaires ont fondé des écoles très-fréquentées, et qui deviennent un puissant moyen de propagande religieuse. Ils auraient voulu confier les jeunes filles aux Sœurs de Saint-Joseph qui sont aujourd'hui à Jérusalem. La Sœur Émilie, qui résidait à cette époque à Bicfaïa, avait été appelée pour fonder une maison à Zahleh. C'était à la fois le vœu des Pères et des habitants, qui attendaient les Sœurs avec une vive impatience. Des circonstances imprévues fermèrent aux religieuses la voie du Liban et leur ouvrirent celle de la Terre-Sainte.

Le lendemain, 14 octobre, nous sommes debout à cinq heures du matin. La toilette d'un pèlerin est vite faite, et nous nous dirigeons en toute hâte vers l'église des Jésuites. Elle est bien petite, bien pauvre ; mais elle sera bientôt remplacée par une église plus grande et plus belle qui s'élève à côté et qui commence à sortir de ses fondements. Elle sera dédiée au Sacré-Cœur. Plusieurs fidèles assistent à la messe, malgré l'heure matinale, et nous sommes édifiés de leur recueillement et de leur ferveur.

Le jour a paru lorsque nous rentrons dans

notre hôtellerie. Nous remarquons dans la salle où l'on nous sert à déjeuner, deux portraits, l'un de Pie IX, et l'autre de cette bonne Sœur Émilie, que les habitants de Zahleh avaient tant désiré voir arriver au milieu d'eux, et qui est aujourd'hui Supérieure du couvent de Jérusalem. Nous exprimons à notre hôtesse la joyeuse surprise que nous fait éprouver la vue de ces deux tableaux; ils sont pour nous un témoignage des sentiments profondément catholiques qui animent cette population. Des voyageurs français qui ont traversé le Liban pour aller visiter les ruines de Bâalbek, et qui, comme nous, ont logé dans cette maison, ont laissé leurs cartes comme un souvenir de leur passage. M. Boullier y retrouve avec joie le nom d'un de ses parents, officier de marine qui, il y a deux ans, a couché dans la même hôtellerie.

Zahleh — prononcez Zaclé — est assis sur les dernières ondulations du Liban, dans une étroite vallée arrosée par le Nahr Bardaoni. Ses habitants, au visage fier, à l'allure vive et déterminée, ont une réputation méritée de bravoure, et il y a quelques années à peine, qu'ils ont victorieusement repoussé une attaque des Druses. Ceux-ci s'avançaient en grand nombre pour surprendre la ville qui est ouverte de toutes parts. La courageuse population de Zahleh les attendit de pied ferme; elle les reçut à bout portant, abattit les premiers rangs sous le feu meurtrier de ses longs fusils, et profitant du désordre qu'avait causé cette terrible décharge au sein des ennemis, elle fondit sur eux avec intrépidité et les mit en fuite. Les Druses laissèrent douze cents des leurs sur le champ de bataille, tandis que les Chrétiens ne perdirent que trente hommes. Aujourd'hui encore des bruits de guerre agitent la contrée et la jeunesse prépare ses armes.

Nous descendons à cheval les rues en pente de la ville. Une partie de la population est encore endormie sur les toits des maisons où elle passe ses nuits d'été, et lève la tête au bruit de notre passage. L'aspect de Zahleh, bâti en amphithéâtre, est pittoresque; il grandit tous les jours, et ce sera bientôt une cité importante. Nous traversons la rivière, qui roule ses eaux limpides sous une belle allée de peupliers. Les femmes viennent remplir leurs urnes, ou lavent leurs linges sur les fraîches rives du Bardaoni. Des jardins arrosés s'étendent le long de la route. Nous remarquons à notre gauche un village sur la hauteur. Ce doit être Mâallaka, un des premiers établissements des Jésuites. Ils y ont ouvert une école, et elle doit être fréquentée par ces groupes d'enfants que nous voyons sur une terrasse.

Nous débouchons dans la plaine : c'est la Cœle-Syrie des Grecs, ou Syrie creuse, parce qu'elle est encaissée et comme creusée entre deux chaînes de montagnes qui courent parallèlement du nord au midi, comme deux immenses remparts. Elle porte aujourd'hui le nom de Bkâa. Elle est légèrement ondulée et son étendue paraît être de cinq lieues de largeur sur vingt de longueur. Autrefois sa fertilité était grande, et elle nourrissait des populations nombreuses. Aujourd'hui, ce n'est plus qu'un désert, et c'est à peine si l'on aperçoit, près des rares villages que l'on rencontre, quelques champs cultivés.

Nous remarquons dans la plaine quelques mamelons réguliers et artificiels. Ce doivent être des tumulus élevés par les premiers habitants de cette contrée. Ils ressemblent à celui qu'on voit en Provence, près de Cannes, sur les bords du golfe de la Napoule.

Nous traversons un pauvre et misérable village de Métualis, fanatiques mahométans de la secte d'Ali, qui détestent les Turcs autant que les Chrétiens, et qui vivent dans un farouche isolement. Ils ont la réputation de vivre de brigandage, et de rançonner les voyageurs. C'est peu rassurant pour nous. Nous passons à côté d'eux sans rencontrer aucun signe d'hostilité, et nous aimons à croire qu'ils valent mieux que la réputation qu'on leur a faite.

On nous a signalé, sur la gauche, à l'entrée de la plaine, un Oualy surmonté d'un petit dôme récemment blanchi. C'est, nous dit notre guide, le tombeau de Noë. Les Musulmans le tiennent en vénération. Ce monument n'est pas plus authentique que le prétendu tombeau de Moïse, sur les rives septentrionales de la Mer-Morte, et ce n'est probablement que le lieu de la sépulture de quelque santon vénéré. Les vignobles qui sont autour de cet Oualy produisent un vin généreux, que j'ai goûté à Zahleh, et qui peut rappeler celui de la vigne qu'avait plantée Noë.

6

Nous avançons à travers cette plaine déserte, sous un soleil brûlant. Le Liban dresse à notre gauche ses cimes abruptes et dépouillées de toute végétation. Nous voyons couchés à ses pieds, ou à demi-cachés dans les premières anfractuosités, quelques villages qui cultivent la vigne. A droite, la chaîne de l'Anti-Liban présente le même aspect de stérilité. Aucune forêt ne revêt ses flancs dénudés. Quelques chétives habitations de Druses et de Métualis se montrent de loin en loin sur ses hauteurs. Quelques rares et maigres troupeaux paissent dans les champs.

Une singulière aventure vient donner un peu d'animation à notre marche monotone et fatigante. Nous voyons un groupe de cavaliers armés s'avancer dans notre direction. Ce sont probablement des Bacchi-Bouzouks, soldats irréguliers chargés de veiller à la sûreté du pays, et qui souvent sont les premiers à dépouiller ceux qu'ils devraient protéger. Ils n'étaient qu'à une faible distance, lorsque l'un d'eux se détache du groupe et s'élance sur nous de toute la vitesse de son cheval, en brandissant son fusil d'une manière menaçante. Je récitais paisiblement mon office, et j'avais pour toute arme mon bréviaire à la main. Mon intrépide compagnon, M. Boullier, n'ayant pas le temps de prendre sa carabine qu'il portait en bandoulière, saisit un de ses pistolets, et s'oppose hardiment à son adversaire qui relève aussitôt son arme, et lui jette en passant ce cri d'approbation : *Tayëb, Frangi!* C'est bien, Franc. Il est évident qu'il n'avait point d'intention hostile, et qu'il a uniquement voulu nous surprendre par une brillante et rapide fantasia. Les autres cavaliers, armés de fusils et de longues lances, nous saluent d'un air bienveillant.

Nous franchissons vers le milieu de la plaine un ruisseau presqu'à sec : c'est le Nahr-el-Kasmieh, le Léontès des anciens, dont nous avons vu l'embouchure non loin des ruines de Tyr. Il traverse le Bkâa dans toute sa longueur, et reçoit les divers affluents qui descendent du Liban et de l'Anti-Liban. Nous apercevons les tentes noires d'une tribu de Bédouins campée dans cette plaine, où elle trouve de vastes pâturages pour ses troupeaux. Ce sont toujours, comme dit pittoresquement Joinville, « ces Arabes habitant ès montagnes ès déserts, et fichant par terre une façon d'habitacle. »

Cependant il est plus de midi; la fatigue augmente avec la chaleur et Bâalbek ne paraît point encore. Le bon Salek nous raconte alors une charmante et poétique légende, dont j'emprunte le récit à une intéressante lettre de M. Boullier. « Connaissez-vous, nous dit notre guide Maronite, la plaine d'Esdralon, près de Nazareth? cette plaine est bien plus chaude que celle de Bâalbek, et cependant hommes et chevaux y marchent toujours sans fatigue et sans peine, tandis que je ne suis jamais arrivé à Bâalbek que brisé de lassitude et accablé par la chaleur. C'est que la plaine d'Esdralon est une terre bénie, sanctifiée par les pas de l'Enfant Jésus et de la Madone, et la plaine de Bkâa est une terre maudite où les payens élevèrent aux faux dieux ces grands temples dont les débris servent maintenant de retraite aux hiboux et aux démons. »

Enfin Bâalbek commence à nous apparaître dans le lointain, à travers la vapeur embrâsée du ciel qui forme comme une auréole autour de ses monuments. Peu à peu nous voyons s'élever du sein du désert les colonnades et le faîte des temples de son acropole. Cette première et lointaine apparition au sein de la solitude a quelque chose de solennel. A mesure que nous approchons, nous foulons des débris informes, à travers lesquels d'énormes reptiles, d'un aspect repoussant, tachetés de jaune et de noir, lourds et épatés comme de gros lézards, montrent leur tête hideuse. Nous faisons une première halte près d'un monument antique formé de huit colonnes de granit rose d'Égypte, qui soutiennent une corniche octogonale. Un sarcophage vide indique que ce lieu a servi de sépulture à quelque grand personnage. A droite, nous apercevons les vastes carrières d'où l'antique Héliopolis est sortie avec ses temples, ses palais et les blocs énormes de ses remparts. Nous franchissons l'enceinte délabrée des anciens murs et nous allons frapper à la porte de l'évêque de Bâalbek, qui donne ordinairement l'hospitalité aux voyageurs. Mais l'évêque, nous dit-on, est absent, et l'on nous congédie sans façon. Force nous est d'aller chercher un gîte ailleurs. Enfin, après de longues recherches,

Salek nous trouve un asile dans la maison d'un orfèvre grec, et nous nous y traînons, épuisés de chaleur et de lassitude.

VIII

Baalbek. — Ruines du temple de Jupiter et du temple du Soleil. — Fondation de Baalbek attribuée à Salomon. — Visite à l'Evêque. — Vue des monuments au clair de la lune.

Les ruines de Baalbek, dignes rivales de celles de Palmyre, justifient parfaitement l'admiration des voyageurs qui les ont visitées. Elles ont le double prestige d'une grandeur colossale et du mystère qui enveloppe leur histoire. Leur isolement et leur solitude, au milieu de cette large vallée de l'Anti-Liban, ajoutent encore à leur beauté : on dirait une apparition féérique au sein du désert. Moins nombreuses et moins étendues qu'à Palmyre, elles ont néanmoins plus de magnificence, et produisent un effet plus imposant du haut de cette plate-forme artificielle dont elles forment comme la couronne majestueuse.

Représentez-vous une esplanade élevée

probablement par la main de l'homme, exhaussée de trois à quatre mètres au-dessus du sol, présentant la forme d'un vaste parallélogramme et entourée d'un mur qui a près d'un kilomètre de circonférence. C'est dans cette enceinte et sur cette colline nivelée par l'art que s'élèvent les célèbres ruines. Un ruisseau coule aux pieds de la plate-forme, et se replie gracieusement autour des remparts ; quelques grands noyers s'élèvent auprès, et tempèrent par leur verdure la stérilité monotone de la plaine et la tristesse sévère de ces antiques débris.

Nous pénétrons dans l'enceinte par une vaste galerie souterraine de plus de cent mètres de longueur, qui s'ouvre du côté de l'Orient. La voûte est à plein cintre, et présente dans sa construction le travail de diverses époques. Ainsi, la base est formée d'énormes blocs qui sont évidemment des vestiges de la voûte primitive. La voûte actuelle qui repose sur ces grandes masses est en appareil romain, et on y retrouve quelques fragments d'inscriptions latines. Nous remarquons quelques sculptures informes qui peuvent appartenir à l'époque primitive. De cette première galerie s'en détachent d'autres qui courent au-dessous de la plate-forme et forment un vaste labyrinthe. Elles devaient aboutir aux temples et servir probablement aux initiations mystérieuses du culte de Baal.

Lorsqu'après avoir traversé la galerie souterraine on arrive sur la plate-forme, l'œil surpris par le spectacle confus de tant de débris entassés éprouve un instant d'éblouissement, et au milieu de ce vaste et pittoresque amas de ruines, l'esprit a peine à se rendre compte de la forme et de la disposition des temples.

Nous commençons notre exploration archéologique par le temple le mieux conservé, connu sous le nom de *Jupiter*, qui s'élève à notre gauche sur la partie de la plate-forme la plus rapprochée du village. Un mur d'un effet disgracieux, qui date de l'époque sarrasine, en masque l'entrée. La porte rectangulaire est encadrée de ravissantes sculptures qui courent gracieusement autour et s'épanouissent en rinceaux de feuilles, de fleurs, d'épis, de grappes de raisin avec de charmantes figurines qui semblent jouer au milieu de cette riche floraison. C'est un travail d'une délicatesse merveilleuse. **Sur l'entablement est représenté un aigle colossal**, tenant la foudre dans ses serres, et réunissant dans son bec deux grands festons soutenus aux deux extrémités opposées par deux génies. Cet entablement est formé de trois blocs énormes: celui du milieu, écartant les deux autres, a glissé et est descendu de plus d'un mètre. Il demeure suspendu au-dessus de la tête, menaçant d'écraser les vandales qui voudraient achever la destruction de ce superbe monument.

L'intérieur du temple est encombré de fragments de colonnes, de corniches, des caissons des voûtes confusément entassés. Il conserve cependant encore de beaux restes de sa première magnificence. Les murs intérieurs présentent une décoration d'une grande richesse ; les parois sont divisés par des colonnes corinthiennes à demi-engagées et cannelées. Tout autour règne un double rang de niches superposées : celles qui sont inférieures sont cintrées : celles du second rang, en forme de tabernacle, sont terminées par un fronton triangulaire. Elles rappellent celles que l'on voit au temple de Diane de la Fontaine de Nîmes. C'est là que devaient être placées les statues des Dieux. Le sanctuaire a dû être fermé par des arcades dont on reconnaît encore les vestiges. Il est probable que cette disposition remonte à l'époque où le temple fut transformé par ordre de Constantin en église chrétienne. Un riche revêtement en marbre devait orner le fond du sanctuaire : il n'en reste plus de vestiges. La voûte n'existe plus ; mais la corniche est encore assez bien conservée et présente un travail admirable. L'entrée est flanquée à l'intérieur de deux pylônes : nous pénétrons en rampant, par une étroite ouverture, dans celui qui s'élève à droite, et nous montons ainsi à grand'peine jusqu'au faîte du temple.

Le monument présentait autrefois à l'extérieur une décoration aussi riche que celle qui régnait à l'intérieur. Il était entouré d'une ceinture de colonnes qui formaient une magnifique galerie. Cette élégante colonnade est en grande partie détruite ; les chapiteaux et les tambours jonchent le sol de leurs débris. Le côté qui regarde le nord est encore parfaitement conservé et permet de juger du superbe effet que devait produire ce péristyle.

Les colonnes sont encore debout et soutiennent un riche plafond. Sur les caissons qui le composent, se dessinent alternativement des hexagones et des losanges renfermant des sculptures d'un beau travail : ce sont des sujets empruntés à la mythologie qu'a représentés sur ces pierres le ciseau de l'artiste, des têtes de dieux, de héros, Diane couronnée du croissant, Ganymède enlevé par l'aigle.... Ces caissons sont formés d'un seul bloc et relient la colonnade au mur du temple. Nous pouvons juger des dimensions colossales des colonnes qui forment ce péristyle, par celles qui sont renversées : elles ont 7 mètres de circonférence et 18 mètres de hauteur : elles se composent de trois blocs ou tambours superposés, de 6 mètres chacun, solidement fixés par des axes de fer.

Ce monument, dans son ensemble, offre une remarquable élégance. Mais cette profusion d'ornements, cette grandeur de proportions, ces recherches de l'art annoncent une époque de décadence. J'aime mieux l'architecture simple et harmonieuse de la Maison Carrée de Nîmes que me rappelle ce temple : elle est moins ornée sans doute, mais il y a plus de fini dans l'exécution ; les proportions y sont calculées avec plus d'art, et je ne sais quelle grâce exquise et pure unie à la beauté, en fait un monument achevé qui surpasse de beaucoup celui de Baalbek.

En avant du temple de Jupiter, du côté de l'Orient, nous remarquons un édifice de construction postérieure, en forme de croix, terminé par un dôme et éclairé au milieu par une large ouverture circulaire. Son architecture byzantine semble indiquer une église chrétienne.

Le temple de Jupiter que nous venons de décrire porte, malgré la grandeur de ses dimensions, le nom de petit temple, et le temple du *Soleil*, que nous allons étudier, est connu sous le nom de grand temple. Ses proportions sont immenses ; il est difficile au premier coup-d'œil de se rendre compte du plan, qui diffère essentiellement de celui des temples de la Grèce et de Rome, et il faut examiner avec soin les diverses parties qui le composent pour en saisir l'ensemble.

Le monument était composé de deux cours qui servaient d'avenue au temple. C'est par une disposition analogue que nos basiliques primitives et nos églises du moyen-âge étaient précédées de cours et de cloîtres qui les isolaient du bruit et du mouvement des cités. La première cour était hexagone; un portique soutenu sur des colonnes régnait tout autour et devait servir de lieu de réunion aux philosophes qui exposaient leurs systèmes devant leurs disciples, ou aux adorateurs de Baal qui voulaient entrer dans le temple.

A cette première cour en succédait une autre plus vaste, quadrangulaire, entourée comme la précédente d'une élégante colonnade autour de laquelle se déployait, dans un ordre symétrique, une série d'édifices ou exèdres, les uns carrés, les autres demi-circulaires. L'ornementation de ces constructions latérales est d'une grande richesse. Un double rang de niches évasées par le haut en gracieuses coquilles, et de tabernacles surmontés d'un fronton triangulaire, encadrés par des pilastres composites, règnent autour de ces édifices sacrés; des guirlandes qui courent le long des murs et de superbes corniches complètent cette décoration. Ce devait être là le collége des prêtres où ils expliquaient aux initiés les mystères du culte de Baal.

Cette vaste cour, avec ses belles lignes de colonnes et l'architecture monumentale des constructions adjacentes, formait le parvis du temple, qui s'élevait sur un soubassement à l'extrémité occidentale de la plate-forme. Il devait être un des plus magnifiques et des plus grandioses de l'antiquité. Il n'en reste aujourd'hui que six colonnes, qui s'élancent majestueusement du milieu des décombres et écrasent tous les autres monuments de leur gigantesque stature. Elles rappellent ces deux belles colonnes isolées qu'on voit encore debout au milieu des ruines de l'ancien théâtre d'Arles. Mais elles sont bien plus imposantes : le soleil leur a donné une teinte dorée ; elles supportent un riche entablement qui forme sur leur front comme une couronne, et malgré leurs dimensions colossales, elles montent d'un jet léger et hardi, et dessinent leurs belles lignes sur le bleu pâle du ciel. C'est vraiment saisissant, et j'ignore s'il existe au monde d'autres ruines d'un effet aussi pittoresque.

On voit sur le sol les bases qui supportaient les autres colonnes, renversées par les tremblements de terre et le vandalisme des conquérants. La hauteur de ces colonnes, y compris l'entablement, est de 23 mètres, et la circonférence, de plus de 7 mètres. On peut juger par cette hauteur des vastes proportions que devait avoir le temple.

Cette agglomération confuse de colonnes et de pilastres debout, d'édifices dont il reste encore des pans richement décorés, de voûtes, effondrées, de fûts et de portiques écroulés, vous jettent dans une indicible stupeur. Des feuilles d'acanthe naturelle se mêlent sur le sol à celles des chapiteaux renversés; des nopals croissent au milieu de ces débris; des pariétaires s'enroulent autour des pierres; des plantes grimpent le long des murs; des arbustes plongent leurs racines dans les lézardes des corniches. Ces caprices charmants de la nature sèment un peu de vie sur ces ruines; ce mélange d'architecture et de végétation s'épanouissant au milieu des décombres, forme un contraste plein de grâce et de poésie, qui ajoute à la beauté du tableau.

Étudions maintenant la partie extérieure de l'enceinte qui renferme les temples. Le soubassement des murs est formé de larges assises qui doivent remonter à une époque très-reculée ; au dessus de ces grands blocs on reconnaît l'appareil romain qui a été superposé plus tard aux masses primitives. Le couronnement de ces murs date de la conquête des Arabes. Il y a évidemment dans ces hautes murailles les traces visibles de trois époques distinctes. Voici, vers le sud, trois blocs gigantesques, qui ont 20 mètres de longueur sur 3 de hauteur. Plus loin, sur la face du couchant, nous rencontrons un mur antique composé de quelques blocs superposés qui se prolongent sur une assez grande étendue. Ce sont des restes de l'enceinte primitive : elle a été abandonnée par les Romains, qui ont bâti un nouveau mur en retrait de quelques mètres sur l'ancien. Je retrouve dans ces grandes masses le même appareil, la même coupe de pierres que dans ces restes de murs antiques que j'ai vus dans l'enceinte de Jérusalem et qui remontent à Salomon. Cette analogie n'est pas à négliger pour arriver à connaître la date de ces premières constructions.

A la vue de ces masses imposantes, on se demande quelles mains puissantes les ont remuées et suspendues à cette hauteur. On a calculé qu'il fallait les efforts simultanés de quarante mille hommes pour déplacer un seul de ces blocs. Ce sont les pierres les plus pesantes que la main de l'homme ait mises en mouvement. De quels moteurs se sont servis ceux qui les ont soulevées?.... L'imagination orientale répond que c'est l'œuvre mystérieuse des génies — les djins — c'est ainsi que le merveilleux vient s'ajouter à ces ruines.

A quelques pas de l'enceinte, sur les bords du ruisseau, un autre ancien monument attire nos regards. C'est un petit temple circulaire, qui excite l'intérêt par la singularité de son architecture. C'est une rotonde entourée d'un portique dont l'entablement est découpé en demi-cercles, qui s'adossent au mur et appuient leurs extrémités sur des colonnes d'ordre corinthien. Des pilastres engagés dans le mur correspondent à ces colonnes. Au fond de ces hémicycles qui forment, autour du temple, à l'extérieur, des courbes gracieuses, sont pratiquées des niches terminées par des coquilles sculptées en relief. Une frise d'un travail délicat se déroule le long de ces demi-cercles en festons de fleurs et de fruits. Ce plan ne manque pas de grâce, quoiqu'il paraisse étrange, et l'œil se plaît à suivre cette succession de courbes et de colonnes qui se développent autour du monument.

Interrogeons maintenant l'histoire sur toutes ces ruines que nous venons de visiter. Elle se tait sur l'origine de Baalbek et de ses monuments. Un mot de la Bible peut dissiper l'obscurité qui enveloppe le berceau de cette cité antique. Il est dit, au troisième Livre des Rois, que Salomon fit bâtir Baalath et Palmyre dans une terre de solitude : *Ædificat et Baalath et Palmyram in terra solitudinis.* (1) Or, Baalath de la Bible ne serait-ce pas Baalbek de la Cœlesyrie ? L'idée de Dieu se retrouve dans l'étymologie du nom de chacune de ces deux villes. C'est toujours Baal, la ville consacrée au Soleil. D'ailleurs, le motif qui détermina Salomon à bâtir Palmyre, n'a-t-il pas dû lui faire construire aussi Baalbek, afin que cette ville donnât la main à sa sœur du désert et servît d'entrepôt pour le commerce des caravanes ? Au reste, Baalbek et Palmyre ont une situation semblable au sein du désert ; elles sont toutes deux célèbres par le culte du Soleil ; elles ont eu la

(1) III. Rois, IX.

même destinée. J'aime à croire qu'elles ont la même origine, et que ces deux antiques ruines du désert sont deux royales filles de Salomon.

La tradition populaire vient confirmer ces données : elle attribue au prince hébreu la fondation de Baalbek, et désigne le plus grand des deux temples sous le nom de temple de Salomon. L'architecture de quelques-unes des parties de l'antique enceinte des monuments vient à l'appui de cette tradition orientale. Ces larges assises qui forment le soubassement des murailles, ces blocs énormes que nous avons remarqués, soit dans les galeries souterraines, soit dans les murs du sud et de l'ouest, remontent plus haut que l'époque romaine : c'est l'appareil salomonien, tel que nous l'avons remarqué à Jérusalem. Ces assises doivent être contemporaines de celles qu'on voit encore près de l'ancien temple de la cité sainte.

D'après les historiens, la construction du temple de Jupiter remonterait à Antonin-le-Pieux. « Il fit bâtir, dit Jean d'Antioche, à Heliopolis la Phénicienne, dans le Liban, un grand temple à Jupiter, qui passait pour une des merveilles du monde. » Le temple du Soleil qui, par sa disposition, diffère essentiellement du plan des temples romains, appartient à une époque antérieure. C'est dans ce temple que devait être placée la statue d'or que Macrobe décrit dans ses *Saturnales*. Le même auteur nous dit que c'est aux Égyptiens que les habitants d'Héliopolis avaient emprunté le culte du Soleil.

L'historien ecclésiastique, Eusèbe, raconte que Constantin purifia ces temples souillés par le culte impur des fausses divinités, et dédia l'un d'eux à la Vierge Marie. L'histoire de l'Église mentionne plusieurs évêques de cette cité, et l'un d'eux, Saint Nonus, au Ve siècle, convertit à Antioche, par ses prédications, la pécheresse Pélagie, et baptisa tous les païens qui restaient encore à Héliopolis. Les Arabes s'en emparèrent en 635, sous le kalife Omar. Les Chrétiens s'y perpétuèrent malgré l'invasion Ottomane, et à la fin du XVIe siècle, plusieurs milliers d'entre eux furent mis à mort par ordre du cruel Amurat III. Des bandes ennemies, à diverses époques, portèrent la dévastation dans son sein : les tremblements de terre ont continué l'œuvre de destruction des hommes, et celui de 1759 renversa trois des neufs colonnes du temple du Soleil, qui étaient encore debout. Il semble qu'il fallait toute la violence des éléments pour faire crouler ces masses solides, qui avaient bravé la puissance des hommes.

A défaut des récits des historiens, l'histoire de Baalbek peut se retrouver sur les monuments épigraphiques que l'on rencontre dans son enceinte. Les inscriptions lapidaires sont nombreuses : la plupart sont en caractères grecs; quelques-unes sont en latin. Parmi les noms qu'elles présentent, il en est un qui a été relevé par M. de Saulcy, et qui attire mon attention : c'est le nom du tétrarque Lysanias, écrit en lettres grecques, sur un fragment de pierre. Ne serait-ce pas ce Lysanias, tétrarque d'Abylène, que mentionne Saint Luc dans son Évangile?

L'histoire de Baalbek est encore écrite dans l'architecture de ses monuments. Il y a deux civilisations qui dorment dans ces immenses ruines. Deux époques distinctes et séparées par de longs siècles ont laissé leur empreinte sur ces constructions gigantesques. L'une forte, rude, énergique a remué ces grandes masses et superposé ces larges assises. On sent dans ces travaux de géant la robuste jeunesse d'un peuple primitif qui a voulu déployer sa puissance. La seconde époque n'est pas douée d'une aussi vigoureuse énergie ; mais elle possède toutes les richesses des arts. Ce n'est pas une œuvre colossale qu'elle veut accomplir, mais une œuvre d'une singulière élégance. Sa main habile et délicate a dressé ces hautes colonnes, fouillé ces chapiteaux et semé à profusion les ornements sur ces belles corniches. C'est ainsi que nous pouvons lire sur ces monuments comme sur deux grandes pages de pierre, les principaux caractères des deux âges qui les ont élevés.

La population de Baalbek a suivi la destinée de ses monuments, et cette ville autrefois si peuplée ne renferme plus aujourd'hui que deux mille habitants, perdus dans cette vaste enceinte. A peine si, sur ce nombre, il y a deux cents catholiques : ils ont à leur tête un évêque que nous allons visiter. Méhémet-Ali l'appelait l'évêque des ruines. Les ruines les plus funestes, ce sont celles que l'hérésie, le schisme et l'oppression musulmane ont faites au Christianisme dans ces contrées, et le pauvre évêque catholique de Baalbek, à la tête de son petit troupeau, dans cette ville déserte, en face de ces monuments écroulés, est une image de cette Église d'Orient autrefois si florissante, et tristement assise aujourd'hui sur les ruines de la foi.

Le palais de l'évêque est une modeste habitation, d'un aspect aussi pauvre que celle des autres habitants. Nous frappons à sa porte. Après de longs pourparlers avec notre drogman, nous sommes reçus dans une galerie située au premier étage. C'est la salle de divan qui n'a d'autre magnificence que l'admirable vue des grandes ruines que le soleil couchant dore, en ce moment, de ses brillants reflets. L'évêque parle quelque peu la langue italienne, ce qui nous permet d'échanger avec lui quelques mots. C'est un vénérable vieillard, plein de simplicité, d'une figure douce et bonne. Je prends sa main, conformément aux usages orientaux, et la porte respectueusement à mes lèvres. Mon compagnon de voyage croyant que c'est un évêque schismatique, s'étonne de cette marque de respect. Je le rassure, en lui disant que c'est un évêque catholique en union avec le Saint-Siége. Le prélat, comprenant ce mouvement de surprise, se hâte de protester qu'il est catholique romain ; et voilà M. Boullier, qui se précipite avec un pieux empressement sur sa main, la baise avec effusion et lui demande sa bénédiction.

Le bon évêque, à l'aide du peu d'italien qu'il possède, nous questionne sur l'état religieux de la France. Il partage toutes les sympathies des populations catholiques du Liban pour notre nation, et il nous assure que la visite des *frangis* lui est très-agréable. Il nous offre l'hospitalité pour la nuit sous son modeste toit. Nous le remercions de son offre obligeante, et après avoir de nouveau baisé sa main, nous reprenons le chemin de notre logis. Il est trop tard pour que nous puissions aller visiter la nécropole de Baalbek et les vastes carrières d'où sont sortis les blocs énormes que nous avons vus.

Nous trouvons, en rentrant, notre appartement envahi par les curieux de l'endroit, attirés par le désir de voir de près les voyageurs *frangis*. Un marchand de Damas, voyageur comme nous, s'est installé dans la même pièce, l'unique de la maison. Tous les yeux se fixent sur nous avec une avide curiosité; les enfants eux-mêmes s'approchent, et pour peu que nous voulussions nous y prêter, ils viendraient, je crois, jouer sur nos genoux. Les femmes elles-mêmes — ce ne sont pas les moins empressées — se mêlent au groupe des hommes. Elles ont le visage découvert, ce qui est une preuve qu'elles sont chrétiennes. L'une d'elles conduit un enfant qui a une plaie à la jambe: elle enlève devant nous les bandages, découvre la plaie et semble nous demander si nous ne connaîtrions pas un remède efficace. On croit en Orient que les Francs possèdent toute science, même l'art de guérir. Nous ne pouvons donner à cet infirme que des signes d'un intérêt compatissant.

Cependant, tandis que l'industrieux Salek, de drogman devenu cuisinier, prépare notre repas, je prends mon bréviaire, et je le récite à la faible lueur d'une mauvaise lampe. L'assistance, en me voyant faire le signe de la croix, comprend que j'accomplis un acte religieux, et se tait. C'est à peine si les femmes échangent entr'elles quelques mots à voix basse. Les petits enfants me regardent avec une attention singulière, et suivent en silence le mouvement de mes lèvres. Quelques hommes viennent doucement se pencher sur mon livre ouvert pour en considérer les caractéres. Mon office terminé, je leur montre mon bréviaire ; ils se le font passer et secouent la tête en le regardant, comme pour me dire qu'il est mystérieux pour eux. Si je savais leur langue, quelle belle occasion de leur parler de Dieu, et leur dire la merveilleuse science que renferme ce livre !

Notre souper est prêt; il est très-frugal. Je dois en mentionner le menu : il se compose d'une galette, d'un peu de fromage et d'une petite tasse de lait, la seule qu'on ait pu trouver dans Baalbek, que nous mêlons à notre café. Il est vrai que nous assaisonnons notre repas de tous nos souvenirs de la journée.

Nous espérions qu'un bon sommeil viendrait suppléer à notre modeste souper pour réparer nos forces. Nous avions compté sans ces malencontreux insectes qui ont pris avant nous possession de notre logis, et qui sont en Orient, le tourment des voyageurs européens. A peine sommes-nous étendus sur nos couchettes, qu'une fourmilière de ces vilains insectes, puces, punaises, et je ne sais plus quelle autre vermine affamée, sort des nattes et des tapis qui recouvrent le sol et qui lui servent de retraite, pénètre dans nos lits et fait invasion sur notre corps. On peut juger des ravages de cette cruelle engeance. Après nous être roulés quelque temps sur nos couchettes, nous n'y tenons plus, et maugréant contre ces hôtes incommodes qui viennent établir leur domicile nocturne sur notre peau, nous prenons nos couchettes et nous allons les étendre en plein air, sur le devant de la maison. Là du moins, si nous ne pouvons recouvrer le sommeil, nous en sommes dédommagés par le magnifique spectacle que nous avons sous les yeux : au dessus de nos têtes un ciel limpide et brillant: devant nous, les ruines des temples éclairés par la lune : à cette distance, elles offrent un coup-d'œil d'une incomparable beauté. On dirait que cette plate-forme qui supporte les monuments sort toute resplendissante du sein de la nuit. Les traces des doubles ravages du temps et des hommes semblent disparaître dans cette lumière veloutée. Les rayons de la lune, les mouvements des ombres, font ressortir avec plus de vigueur les grandes proportions des temples, et leur donnent une majesté singulière. C'est le moment le plus favorable pour les contempler à distance. Il nous fallait cette vue de la nuit, à la clarté de la lune, pour compléter nos impressions du jour.

Nos compagnons de voyage qui nous ont précédés de quelques jours dans le Liban pour aller visiter Damas, sont passés hier à Baalbek. Plusieurs d'entr'eux, suivant une poétique inspiration, ont établi leurs tentes au milieu des ruines, et ont étendu leurs couchettes au pied des grandes colonnes du temple du Soleil. C'est là une belle nuit que je leur envie. S'ils n'ont pas dormi, ils ont pu du moins rêver, au milieu de ces imposants débris, sur la grandeur passée d'Héliopolis, et évoquer devant eux l'image de son antique splendeur. Cela vaut bien quelques heures de sommeil. Je n'aurais rien perdu, en vérité, à échanger mon appartement, avec ses hôtes incommodes, contre une nuit passée, au clair de la lune, au milieu des ruines. On nous a bien dit qu'il était dangereux de se trouver seul la nuit sur cette plate-forme isolée, et qu'on avait à craindre d'avoir son sommeil interrompu par la visite importune de quelque malfaiteur. Mais mon compagnon de voyage porte un fusil et des pistolets; c'est assez pour éloigner les malfaiteurs. D'ailleurs, je crois que les ennemis qu'a le plus à redouter le voyageur français en Orient, ce sont les insectes qui pullulent dans les maisons arabes.

IX

Nouvelle ascension du Liban. — Le Makmel. — Les cèdres. — Vallée des Saints. — Eden.

A trois heures nous sommes debout, et montant à cheval, nous quittons Baalbek au milieu des longs aboiements des chiens, et des glapissements des chacals qui accompagnent notre départ. Nous passons devant les ruines, sur lesquelles nous jetons un dernier regard, et nous nous engageons dans une plaine déserte qui descend par une pente légère et à peine sensible jusqu'au pied du Liban.

Nous distinguons aux premières heures de l'aube, une haute colonne isolée dans la plaine, et qui semble s'élever au milieu de cette solitude comme un phare pour diriger la marche des caravanes. Nous nous écartons de la route pour la visiter. Elle repose sur un piédestal et est couronnée d'un chapiteau corinthien. Elle paraît avoir les mêmes dimensions que celles du grand temple de Baalbek, et peut-être l'a-t-on arrachée à ce monument pour la dresser dans cette plaine. Aucune inscription n'indique son origine. Est-ce l'ornement d'un tombeau? Est-ce le souvenir de quelque grand événement, de quelque victoire remportée en ce lieu? Notre guide ne peut nous le dire, et ce monument reste pour nous une énigme. Cette colonne est toujours d'un bel effet au milieu des perspectives monotones de ce désert.

Après avoir traversé dans sa largeur cette vaste plaine de la Cœlésyrie qui partout appelle des bras industrieux pour cultiver ses champs abandonnés, nous rencontrons un pauvre village Maronite, assis sur les premières ondulations du Liban, et composé de quelques chétives masures. Nous faisons une halte devant l'église dont l'architecture attire notre attention : ce sont de grands blocs jaunis par les siècles, superposés sans ciment et adhérant entr'eux par leur masse. Ce doit être un ancien temple païen transformé en chapelle. Nous entrons. Quelques fidèles sont agenouillés dans l'enceinte : le prêtre commence la messe qu'il célèbre selon le rit Syriaque : elle est entremêlée de chants sur un ton plaintif et lent et de nombreux encensements ; aussi est-elle beaucoup plus longue que nos messes ordinaires. L'intérieur de l'église est très-pauvre, et son plus bel ornement, c'est la piété des fidèles que nous voyons prier avec une singulière ferveur.

La route commence à monter et s'enfonce dans un grand bois de chênes qui couvre les premiers contre-forts du Liban. Nous rencontrons, paissant sous cette chênaie, quelques troupeaux de moutons à large queue qu'ils traînent péniblement, et de chèvres au poil soyeux et aux longues oreilles, pendantes comme celles de nos épagneuls. Le soleil commence à monter à l'horizon, et la chaleur devient étouffante dans ces bois et ces gorges sans air. Je remarque le long de la route un conduit destiné à amener l'eau de quelque source éloignée pour abreuver les troupeaux du village que nous venons de quitter. Il vient d'être mis à sec, et l'eau a été détournée sur un autre point. Ces sources, qui sont rares sur ce sol brûlé, doivent être, comme au temps des patriarches, un sujet de perpétuelles contestations, et l'on doit se disputer, comme les bergers de la Bible, pour abreuver les troupeaux.

Tandis que M. Boullier questionne Salek sur les plus belles races de chevaux arabes, et se fait raconter ses courses dans le désert, du côté de Palmyre et de Bagdad, pour accompagner le Signor Péterlini allant acheter les chevaux des tribus de ces contrées lointaines, je récite mon bréviaire en face de cette nature austère, et de ces hauts sommets du Liban tout empreints des souvenirs de la Bible et des grandes images des prophètes.

Après six heures de marche nous débouchons dans un étroit vallon qu'arrose un abondant ruisseau. De nombreux troupeaux s'y désaltèrent. L'eau est recueillie avec soin dans un canal pour aller servir aux besoins d'un village éloigné. Nous y faisons une courte halte, à l'ombre d'un bouquet de magnifiques noyers. C'est là même qu'avait dressé sa tente et passé la nuit le baron de Géramb, dans le mois d'octobre, en 1832, quand il franchit le Liban pour aller visiter Baalbek et Damas. Il paraît que ce lieu est fréquenté par les tigres auxquels les rochers et la forêt que nous venons de traverser servent de repaire ; aussi le bon religieux ordonna-t-il aux hommes de son escorte d'allumer de grands feux pour éloigner ces visiteurs incommodes.

Ici commence la partie la plus abrupte et la plus difficile de l'ascension du Liban. Il faut suivre un étroit et raide sentier qui monte presque verticalement, traçant à peine quelques sinuosités sur les escarpements de la montagne. Bientôt les chevaux s'arrêtent, n'en pouvant plus, et nous mettons prudemment pied à terre, car une chute pourrait être périlleuse, et faire rouler, sur ces pentes rapides, le cheval et le cavalier jusqu'au fond du vallon. Nous faisons de fréquentes stations pour reprendre haleine, et nous nous délassons en contemplant les larges horizons que le regard embrasse de ces hauteurs. Nous distinguons toujours Baalbek avec ses hautes colonnes qui se détachent sur les flancs de l'Anti-Liban. Nous reconnaissons les traces récentes du passage de la caravane de nos amis qui nous a précédés de quelques heures sur ce sentier ; nous la suivons à une petite distance, et nous apprenons d'un arabe qu'elle est déjà sur le versant opposé et qu'il l'a vue arrêtée auprès des cèdres. Nous pressons notre marche pour la rejoindre avant la fin du jour.

Après deux longues heures d'une montée pénible, qui nous coûte bien des fatigues et des sueurs, sur ces pentes pierreuses, escarpées et arides, nous atteignons enfin tout haletants le sommet du Liban. C'est le Makmel, qui a près de trois mille mètres de hauteur. L'air vif et froid qui nous pénètre ne nous permet pas de contempler longtemps les deux immenses et magnifiques panoramas qui se déroulent devant nous à l'Orient et à l'Occident. Les points de vue présentent une pompe et une majesté bibliques. Si quelques vapeurs ne voilaient pas l'horizon du côté du Levant, nous pourrions distinguer dans le lointain, par delà l'Anti-Liban que nous dominons, la vaste plaine et les brillants minarets de Damas. Du côté du couchant nous suivons des yeux cette longue suite de gorges profondes, de vallées cultivées, qui descendent d'étage en étage jusqu'à la Méditerranée dont nous apercevons la ligne brillante et azurée, à près de quinze lieues de distance. Là bas, plus près de nous, dans cette grande vallée qui s'ouvre sous nos pieds, et s'arrondit comme un cirque immense, cette masse de sombre verdure qui se détache sur ce sol aride et nu, c'est l'antique forêt des cèdres de Salomon.

Nous nous montrons, en poussant un cri de joie, ces arbres vénérables, que tous les voyageurs ont salués comme les patriarches du règne végétal, et nous descendons rapidement le versant opposé. Je recueille sur ce côté une ammonite que j'emporte comme un souvenir géologique de ce terrain. Il nous semble que nous allons bientôt arriver, tant cette forêt nous paraît rapprochée : mais c'est une illusion des yeux, et il nous faut longtemps descendre par des pentes escarpées, avant d'y toucher.

Enfin nous y voici : nous avons lancé nos chevaux au galop, à travers ces ravins et ces pierres ; M. Boullier est arrivé le premier, grâce à la vitesse du sien. Nous espérions y rencontrer nos compagnons de voyage dont nous suivons la trace; mais le bon ermite, gardien de cette forêt, nous apprend qu'ils sont repartis depuis quelques heures.

C'est avec une sorte de recueillement que nous pénétrons dans ce bois sacré, et que nous nous arrêtons au pied de ces grands arbres, contemporains des âges bibliques. Il s'en exhale une odeur suave et aromatique qui embaume l'air. Qu'ils nous paraissent beaux, et comme ce site est grandiose, contemplé à travers les souvenirs de nos livres saints ! Ouvrons ici l'Ancien Testament, au pied de ce tronc énorme, et parcourons les passages qui parlent de cette antique gloire du Liban. Nous cessons pour un moment d'être voyageurs, et nous redevenons pèlerins.

Je lis au troisième Livre des Rois : « Salomon envoya dire à Hiram, roi de Tyr : Je songe à bâtir un temple au nom du Seigneur mon Dieu.... ordonnez donc que vos serviteurs coupent pour moi des cèdres sur le Liban, et que mes serviteurs soient avec les vôtres. Je vous donnerai le salaire que vous demanderez pour vos serviteurs : car il n'est aucun ouvrier parmi mes sujets qui sache travailler le bois comme les Sidoniens. » (1)

(1) III Livre des Rois. Chap. 5.

Sa demande fut favorablement accueillie par Hiram, et il choisit trente mille ouvriers qu'il commanda pour cette œuvre ; et il les envoyait tour à tour sur le Liban, dix mille chaque mois. On transportait les arbres coupés jusqu'à la mer ; on les mettait sur des radeaux au port de Byblos, et on les conduisait à Joppé, d'où ils étaient transportés à Jérusalem.

C'est donc de cette forêt que sont descendus ces grands arbres qui ont formé la magnifique charpente du temple de Salomon ; ce vieux tronc sur lequel je suis appuyé, en lisant ce passage, remonte probablement jusqu'à cette époque : il est là, chargé de siècles, comme la page vivante du récit de la Bible.

Le cèdre est souvent chanté par David, et il nous apparaît avec toutes les magnificences de la poésie dans les images des prophètes. Ce roi de la végétation est l'arbre de Dieu, et c'est sa main qui l'a planté. (1) Aussi est-il la figure du juste dont les rejetons se multiplieront comme les cèdres du Liban. (2) Il

(1) Psaume 103.
(2) Psaume 91.

est aussi l'image de l'impie qui s'élève dans son orgueil comme ce géant de la chaîne libanique ; mais le Seigneur ne fait que passer, et il n'est déjà plus. (1) C'est l'arbre symbolique par excellence ; il est l'emblème de la sagesse éternelle : *Quasi cedrus exaltata sum in Libano* (2); et il fournit à Ezéchiel une belle comparaison pour nous peindre les merveilleux accroissements de l'Église : « Je prendrai, dit le Seigneur, un tendre rejeton sur le cèdre le plus élevé, et je le planterai sur la plus haute montagne : il poussera une tige qui portera des fruits, et il deviendra un grand cèdre; et les oiseaux du ciel habiteront sous son ombre, et y bâtiront leurs nids. (3)

Mais là où éclate toute la grandeur des images, toute la pompe, toute la magnificence du langage figuré, c'est dans ce passage où, sous la forme d'un grand cèdre qui tombe sous la cognée, Ezéchiel nous peint d'une manière si saisissante la chute de Babylone. Qu'on me permette encore cette cita-

(1) Psaume 36.
(2) Eccles. 24.
(3) Ezéchiel 17.

tion. Les chênes prophétiques de Dodone n'ont jamais inspiré aux poëtes profanes de semblables accents : « Voyez Assur : c'était un cèdre sur le Liban, beau en ses branches, répandant au loin l'ombre de son vaste feuillage, élancé dans sa hauteur, et élevant sa cime entre ses rameaux épais. Les eaux l'ont nourri ; l'abîme l'a fait grandir : des fleuves s'échappent de ses racines, et il envoie ses ruisseaux à tous les arbres de la contrée. Aussi sa hauteur dépasse celle de tous les autres arbres ; ses rejetons se sont multipliés, et ses rameaux se sont élevés, vivifiés par les eaux abondantes. Les oiseaux du ciel ont fait leurs nids dans ses rameaux ; les bêtes des bois ont déposé leurs petits sous son feuillage, et à son ombre habitaient des peuples nombreux. Il était beau dans sa hauteur, dans la grandeur de ses rejetons : car sa racine était le long des grandes eaux. Il n'y avait point d'arbres dans le jardin de Dieu qui fussent si élevés que lui ; les sapins n'atteignaient pas à sa cime ; et les feuilles du platane n'égalaient pas sa verdure. Aussi tous les arbres de délices qui étaient dans le jardin de Dieu étaient jaloux de sa beauté. C'est

8*

pourquoi le Seigneur a dit : parce qu'il s'est énorgueilli de sa hauteur, qu'il a élevé sa tige verdoyante et feuillée, et que son cœur s'est enflé de son élévation, je l'ai livré aux mains de la plus puissante des nations qui en fera son jouet : je l'ai rejeté à cause de son impiété. Et des étrangers, les plus violents parmi les nations le couperont, et le renverseront sur les montagnes, et ses rameaux rouleront dans toutes les vallées, et ses branches laisseront leurs dépouilles sur tous les rochers, et les peuples de la terre se retireront de son ombre et l'abandonneront. » (1)

Pour saisir toute la beauté de cette description du prophète, il faut être dans la vallée des cèdres, voir d'un côté ces arbres à la tige élevée, aux rameaux étendus et à la sombre verdure, et de l'autre ces rochers, ces ravins et ces gorges profondes où se précipitent les eaux des montagnes. Toute la majesté de ces géants des forêts du Liban, toute la sauvage grandeur du site se retrouvent dans ce passage inspiré d'Ezéchiel, et

(1) Ezéchiel, chap. XXXI.

on dirait qu'il l'a écrit en face de cette grande scène de la nature.

De ces magnifiques forêts qui couronnaient autrefois le Liban, et qui ombrageaient ses vallées, il ne reste plus aujourd'hui que douze grands cèdres, et quatre cents, plus jeunes et plus petits. Les orages, les incendies, les dévastations des hommes ont dévoré ces arbres. Le lieu où s'élevaient les cèdres deviendra une solitude aride et dépouillée, avait dit Isaïe (1), et l'accomplissement de la prophétie est frappant.

Les dimensions des vieux cèdres nous frappent d'étonnement; elles sont vraiment gigantesques. Le tronc de quelques-uns a douze mètres de circonférence. Les branches horizontales s'étendent au loin et mesurent d'une extrémité à l'autre plus de soixante mètres : on comprend l'expression du prophète qui nous montre tout un peuple assis à l'ombre de ces arbres. La hauteur ne répond pas à cette prodigieuse largeur : elle ne dépasse pas soixante pieds. Il est vrai que la cime est souvent brisée par les orages, et l'arbre

---

(1) Chap. XLI, v. 19.

mutilé, au lieu de grandir, se développe alors horizontalement.

Ces 12 grands cèdres, qui sont les aînés de la forêt, ont été regardés par tous les voyageurs comme contemporains de ceux qui furent abattus pour le palais de David et le temple de Salomon. On voit bien, à leur aspect antique, qu'ils sont chargés de siècles, et que trois mille ans ont laissé leur empreinte sur ces troncs immenses et sur ces énormes racines qui se prolongent au loin à la surface du sol. Ils sont évidemment les patriarches de la végétation. Que ces arbres, dit un voyageur Allemand, comptent quelques milliers d'années, je l'admettrai aussi moi-même, surtout en considérant leur grandeur, leur épaisseur, le sol pierreux et l'exposition élevée, exposée aux vents, sur laquelle ils se trouvent. Ces Nestors du règne végétal sont respectables au plus haut degré.

Volney, qui se plaît à laisser tomber des paroles de dénigrement sur tout ce qui rappelle un souvenir de la Bible, prétend que les cèdres soutiennent mal de près leur réputation, qu'ils n'ont rien de particulier, et qu'ils ne valent pas la peine que l'on prend à franchir les précipices qui y mènent. Volney, en écrivant ces lignes, s'est laissé aveugler par son impiété systématique ; il n'a pas senti dans son âme froide et glacée par le doute la beauté grandiose et pittoresque de cette vallée, assise au-dessus des nuages, dans ces hautes régions où toute végétation a cessé. Il n'a pas été saisi à la vue de ce groupe d'arbres majestueux, monuments naturels des vieux âges qui ont servi à la construction des flottes de Tyr, la reine des mers, à l'ornement du temple de Salomon, la merveille du monde, et qui, dans leur isolement sur ce plateau élevé, conservent encore quelque chose de leur antique gloire, et étonnent le voyageur par leurs immenses rameaux et leurs troncs près de trente fois séculaires. Si Volney regrettait ses fatigues, pour nous, à la vue de ces vieux témoins des âges écoulés, nous oublions les nôtres : nous saluons avec enthousiasme cette royauté des cèdres chantée par les prophètes, et après les oliviers du jardin de Gethsémani qui ont été arrosés par les sueurs divines de l'agonie du Sauveur, je n'en connais pas de plus sacrés que ces arbres vénérables qui portent la triple consécration de la poésie, de l'histoire et de la religion.

La plupart des voyageurs qui ont visité le Liban ont laissé sur ces arbres des traces de leur passage, et y ont gravé leurs noms comme pour les associer à l'immortalité des cèdres. Chaque tronc est chargé d'une foule de noms plus ou moins obscurs. On dirait le registre de tous les voyageurs. Il en est de toutes les époques ; quelques-uns remontent à près d'un siècle. Je remarque celui d'un de nos pèlerins, M. Domergue, qu'un voyageur homonyme a gravé en 1780. Afin d'incruster plus profondément ces noms, plusieurs ont enlevé l'écorce de l'arbre. Mais comme pour témoigner combien toute gloire humaine est vaine et périssable, après un certain nombre d'années, l'écorce envahit de nouveau l'espace d'où elle a été enlevée, rongeant une lettre, puis une autre jusqu'à la dernière, et rejetant tous ces noms dans l'oubli. En voici deux qui sont encore parfaitement conservés : *Julia* ; *Géramb*. L'un est celui d'une charmante enfant, Mlle de Lamartine, la fille du célèbre poëte, cruellement ravie à l'amour de ses parents. L'autre, est celui du baron de Géramb, le trappiste pèlerin, qui a voulu accomplir la promesse qu'il avait faite quelques jours auparavant à cette jeune fille de graver son nom à côté du sien sur les cèdres. Julia mourait quelques jours après à Beyrouth, et son nom incrusté sur l'arbre devenait comme l'épitaphe de son tombeau.

Nous allons nous agenouiller dans la chapelle qui s'élève au milieu de la forêt. Si elle a, comme le temple de Salomon, une charpente en bois de cèdre, elle est bien loin d'en avoir la magnificence. Ce sont quatre murs dont la triste nudité n'est déguisée par aucun ornement. Mais toute pauvre qu'elle est, elle n'est pas dépourvue de beauté dans un site semblable; elle s'offre à nous comme la manifestation de cette pensée du prophète qui invitait les arbres et les cèdres à louer le Seigneur : *Laudate Dominum de terra..... ligna fructifera et omnes cedri.* (1) Elle est consacrée à la Sainte Vierge : il convenait que celle qui a été comparée aux cèdres du Liban eût un souvenir en ce lieu, à l'ombre

(1) Psaume 148.

de ces arbres bibliques. Un ermite est chargé de la garde de ce sanctuaire, et recueille les dons des voyageurs pour l'entretien du monument. En échange de notre offrande, il nous donne quelques pommes de cèdre dont nous nous proposons de semer les fruits à notre retour.

Les cèdres sont un lieu de pèlerinage pour les populations du Liban. Les habitants des villages voisins s'y rendent avec leurs prêtres. Le patriarche des Maronites célèbre la messe; il y a des chants, des prières, des réjouissances, et au retour, chacun emporte une branche de cèdre pour la suspendre comme un rameau bénit dans sa maison.

Tandis que M. Boullier, ouvrant son album, dessine un de ces troncs aux formes rugueuses et tourmentées, et ajoute ce souvenir du Liban aux belles vues qu'il a prises la veille des ruines de Baalbek, je continue ma promenade dans l'intérieur de la forêt, visitant chaque arbre, et admirant la puissante vigueur de cette végétation. Les cèdres sont disséminés sur un sol accidenté, coupé par des ravins, élevé de deux mille mètres au-dessus du niveau de la mer, et occupent un espace de près de trois kilomètres de circonférence. Tandis que les plus vieux se divisent à deux mètres du sol, et forment comme des arbres séparés, les plus jeunes sont d'une belle venue et dépassent en hauteur les premiers. Tout autour, le sol est pierreux, stérile et sans végétation ; et cependant tout ce vaste plateau devait être autrefois couvert de cèdres. Il n'en reste plus que ce groupe que la main de Dieu a protégé jusqu'ici contre les dévastations du temps et des hommes, pour qu'ils rendent témoignage, à travers les siècles, à la vérité de sa parole.

Cependant un orage se forme sur notre tête, et bientôt un grand coup de tonnerre ébranle la montagne et fait retentir au loin tous les échos du Liban. N'est-ce pas là cette grande voix du Seigneur, dont parle le prophète qui ébranle le désert et qui brise les cèdres ? *Vox Domini confringentis cedros.* Rien n'est solennel comme ces roulements prolongés à travers les vallées profondes. Après quelques gouttes de pluie, les nuages amassés sur le sommet du Makmel se dissipent, le ciel redevient serein, et le soleil couchant laisse tomber comme des gerbes d'or à travers les clairières de la forêt.

Nous prenons au pied des cèdres un léger repas avec les restes de nos provisions de Baalbek, auxquels le bon ermite veut bien ajouter quelques grappes de raisins acides, l'eau fraîche de la montagne et un peu de vin blanc. C'est plus qu'il n'en faut pour nous réconforter. Après cette halte délicieuse de trois heures, nous remontons à cheval, et nous continuons à marcher sur les traces de nos compagnons de voyage.

Nous longeons à notre gauche une vallée pittoresque et sauvage ; elle est profondément encaissée, et présente l'aspect d'un immense ravin creusé par les eaux du Liban : c'est la *Vallée des Saints*, qui doit son nom au grand nombre de solitaires qui se sont réfugiés dans ses grottes, et qui l'ont sanctifiée par leurs austérités. Cette source qui tombe en cascade, et qui roule ses eaux dans le fond de la vallée, c'est la Kadischa — la-Sainte —, ainsi appelée par la piété populaire parce que les larmes des pieux cénobites que l'esprit de pénitence conduisait en ces lieux, se mêlaient à ses eaux.

C'est dans cette vallée qu'est situé *Kanobin* — Cœnobium — ancien couvent comme l'indique son nom, bâti par Théodose, habité par Saint Maron, le premier chef de la nation Maronite. Plus loin, sur ce rocher, est Diman, résidence du patriarche du Liban, pendant les chaleurs de l'été. Cette vallée est pleine de fraîcheur et d'ombrages ; elle est défendue par des escarpements abruptes, d'un accès difficile, et en temps de guerre, elle a dû servir de refuge aux populations qui fuyaient devant l'ennemi.

Nous laissons toujours à notre gauche le populeux village de Bescharri, dont nous apercevons, à travers les arbres, les toits des maisons et le couvent des Carmes qui sert d'hospice aux pèlerins. La caravane qui nous précède y est descendue ; mais elle en est repartie pour aller camper plus loin, et nous retrouvons sur le sol les traces de son passage.

A mesure que nous nous éloignons des cèdres, la végétation reparaît avec la culture. Les eaux courent à travers de vertes prairies qu'elles arrosent, les champs sont ensemencés, et nous retrouvons avec joie, sur ces plateaux élevés, le travail industrieux de l'homme.

Nous atteignons enfin, après trois heures de marche, un charmant village : c'est Eden, dont le nom biblique révèle tous les enchantements. Dans toutes les langues orientales Eden signifie jardin, et il a été donné à ce lieu à cause de la fertilité du sol et de la beauté du site. On dirait en effet un véritable Eden, plein de fraîcheur et d'ombre, au sein de ces âpres montagnes. Nous y arrivons à travers une forêt de noyers. La position du village est vraiment pittoresque. Au nord, une croupe gigantesque de roches nues l'abrite et le domine comme un superbe donjon féodal. Sur le versant, un bois de chêne monte jusqu'aux pieds du rocher. Au couchant, la vue fuit vers la mer ; les maisons, entourées de jardins, se cachent sous la verdure, et les frais vallons qui se dérobent devant nous présentent l'aspect d'un vaste et riche verger.

C'est au milieu de ce village, à l'ombre des noyers, que la caravane a campé. Elle ne pouvait choisir un site plus agréable. Quelques coups de fusil que nous entendons sur les hauteurs nous annoncent la présence de nos chasseurs. Nous faisons notre entrée dans le camp, à la manière orientale. Nous lançons nos chevaux au galop, et nous nous précipitons au milieu des tentes. M. Boullier décharge ses armes en signe de joie. En le voyant sur son cheval frémissant, avec son keffié jaune flottant sur ses épaules, et son burnous blanc, les Maronites le prennent pour un scheick Arabe. Au bruit de cette détonation, nos compagnons sortent des tentes, et leur première surprise se change en cris de joie, en reconnaissant les deux pèlerins qu'ils avaient laissés au Carmel. Nous recevons le plus affectueux accueil; on s'empresse autour de nous. Tous ces visages connus nous sourient; toutes ces mains viennent presser les nôtres ; c'est un moment de joyeuse émotion, et nous sentons à ces aimables démonstrations, combien est vraie et sincère cette amitié que deux mois de voyage ont établie entre les membres de la caravane.

Nos compagnons nous conduisent sous la tente qui sert de salle à manger, et nous font asseoir à table au milieu d'eux. Nous échangeons le récit de nos aventures. Nos amis ne tarissent pas sur les merveilles de Damas, la splendeur orientale de ses palais de marbre et la fraîcheur de ses jardins. Ils ont rencontré dans cette ville des voyageurs français parmi lesquels il en est un qui porte un nom bien connu dans le midi, le comte de Vogué. Ils se proposaient, avant d'aller à Jérusalem, de faire une excursion dans le désert jusqu'aux ruines de Palmyre ; course bien séduisante, mais qui n'est pas sans danger, à travers les tribus des Bédouins nomades.

Il existe à Eden une maison de Lazaristes français. Ces bons Pères mettent à la disposition d'une partie de la caravane un de leurs appartements pour y passer la nuit. Nous y étendons nos couchettes, et nous voilà reposant tous ensemble dans ce dortoir improvisé. Le silence n'est pas rigoureusement observé pendant la nuit. Le sommeil est souvent interrompu par des causeurs importuns, et la chambre à coucher devient un vrai salon de conversation.

16 octobre. — C'est dimanche, et au milieu des populations catholiques du Liban, c'est vraiment le jour du Seigneur. L'église des missionnaires Lazaristes est attenante à

leur habitation. Elle est pauvre comme toutes celles du Liban. Mais quel recueillement, quelle ferveur parmi les fidèles qui se pressent dans son enceinte ! Les prêtres de la caravane y disent la messe, et les habitants d'Eden accourent pour voir des prêtres *frangis* à l'autel.

L'église et le couvent ont été bâtis par les Jésuites qui avaient fondé au 17e siècle la mission d'Eden. Lorsque l'ordre fut supprimé, l'établissement fut confié aux Lazaristes, qui le possèdent depuis cette époque. Ils évangélisent pendant la belle saison les villages voisins, et leur apostolat, sur cette partie du Liban, produit les mêmes fruits que celui des Jésuites à Bicfaïa. Le Supérieur de cette mission est français ; c'est le P. Régasse, du diocèse de Cahors. Il montre une aimable et généreuse prévenance à notre égard, et il représente parfaitement à Eden les vertus et le dévouement des fils de St-Vincent-de-Paul.

Le village renferme trois mille habitants; il est le siége d'un évêché. On y compte un grand nombre de chapelles desservies par le clergé indigène. La population paraît forte, active et énergique. Comme la courageuse jeunesse de Zahleh, elle sait manier les armes et elle a repoussé avec succès une récente attaque de Metualis. Nous admirons l'éclat des costumes, et l'air de fraîcheur et de santé que respirent ces visages épanouis à l'air pur de ces montagnes. Le dimanche donne un air de fête à Eden, et répand une joyeuse animation au sein des habitants. Des groupes nombreux s'arrêtent à l'ombre des grands noyers, stationnent devant les chapelles et remplissent le village de leurs rumeurs. Toute cette population se montre vivement sympathique aux voyageurs français, s'empresse autour d'eux avec une curiosité affectueuse et ne leur cache pas que son cœur bat pour la France. Nous recueillons partout sur notre passage les démonstrations les plus amicales, et tous ces regards qui nous suivent, ces visages qui nous sourient, ces mains qui nous saluent, semblent nous dire, que nous sommes les bienvenus, et que depuis longtemps le Français et le Maronite sont frères.

Il y a à Eden deux Scheiks distingués, qui parlent notre langue, et qui partagent les sympathies de leur nation pour notre patrie. Ce sont les fils de l'ancien Scheik, Boutros Karand, qui fit un si gracieux accueil au P. de Géramb et à M. de Lamartine. Ils ont hérité des vertus de leur noble père, et on loue leur courage et leur intelligence pour l'administration des affaires. Je regrette de n'avoir pas eu le temps de visiter leur palais et d'en admirer la belle architecture arabe.

L'hiver, lorsqu'arrivent les frimats et la neige, les habitants d'Eden, comme ceux des villages voisins, abandonnent leurs maisons à la garde de quelques personnes, et descendent avec leurs familles et leurs troupeaux dans la plaine où ils trouvent un air plus doux. Les Lazaristes vont habiter alors leur maison de Tripoli, et exercent leur ministère dans cette ville dont la population est considérablement accrue par cette émigration des montagnes. Au retour du printemps, la colonie reprend, joyeuse, le chemin du Liban, et va revoir ses toits aimés, ses champs et ses vergers en fleurs. Heureuse population, qui échappe ainsi aux brûlantes chaleurs de la plaine, aux froids rigoureux des montagnes, et pour qui l'année est comme un printemps perpétuel !

X

Couvent de St-Antoine de Kossaïa. — Vallées du Liban. — La Kadischa. — Campement à la Marine. — Tripoli. — Le jeune Omar.

Nous aurions voulu passer le dimanche à Eden, au milieu de cette population sympathique qui s'attache à nos pas, et dans la société des bons Pères Lazaristes. Mais il faut nous hâter d'arriver à Tripoli. Le vapeur sur lequel nous devons nous embarquer passe demain, et force nous est d'arriver la veille pour faire nos préparatifs de départ. Nous faisons nos adieux aux missionnaires, à ces groupes nombreux qui nous entourent et qui regrettent un départ aussi prompt, et nous nous dirigeons vers le monastère de St-Antoine, éloigné de deux lieues. Nous descendons par une pente excessivement rapide dans la vallée qui s'étend au-dessous d'Eden. Nous admirons partout une culture riche et variée. Ici, reparaissent ces longs étages de terrasses pour soutenir le sol. Partout les noyers étalent leurs grandes branches; chaque coin de terre végétale, disputé au rocher, a son cep de vigne et son mûrier. Les eaux coulent de toutes parts, et sont recueillies dans des canaux qui les répandent sur les prairies. Des villages sont semés sur les flancs de la vallée et se cachent comme des nids d'oiseaux sous la verdure. Quel contraste entre ce côté du Liban et le versant opposé! Ici ce sont de fraîches vallées, de magnifiques ombrages, des champs fertiles, un sol admirablement cultivé. Une source jaillit du pied de chaque rocher; un groupe de maisons est pittoresquement assis sur chaque colline, au milieu des jardins. De l'autre côté, au contraire, tout est aride, nu et désolé. Il n'y a ni eaux, ni ombrages; peu d'habitants, et presque pas de culture.

Même contraste entre les deux populations. Sur le versant occidental que nous parcourons, nous voyons un peuple laborieux, bienveillant et hospitalier. Sur la partie orientale, au contraire, on ne rencontre que quelques tribus de Bédouins nomades,

des Métualis farouches, des Druses insolents et avides de pillage. Nous n'avons pas rencontré un seul visage souriant du côté de Baalbek. Ici, au contraire, toutes les figures s'épanouissent et nous saluent. Tous les villages que nous traversons s'émeuvent à notre approche; le mot *Frangis* court sur toutes les lèvres; de joyeuses démonstrations éclatent autour de nous, et notre passage, au milieu de ces populations catholiques, a l'air d'une véritable ovation. C'est que nous ne leur sommes pas étrangers, et qu'ils savent qu'entr'eux et nous il y a les liens d'une commune foi. N'y aurait-il pas encore une autre fraternité, et ne coule-t-il pas dans leurs veines quelques gouttes du vieux sang de la France? Ne seraient-ils pas les fils de ces soldats de la croix qui ne quittèrent point le sol de la Palestine? La tradition raconte qu'après que Tripoli fût retombé au pouvoir des Musulmans, quelques bandes de croisés s'ouvrirent un chemin à travers les rangs ennemis, et se réfugièrent au sein des montagnes du Liban. Le pape Innocent III, écrivant au patriarche des Maronites, lui recommande certains croisés, ses fils, qui vivent mêlés à son troupeau. L'observation vient confirmer ces indications traditionnelles et historiques. On a remarqué au sein de ces populations des physionomies qui n'ont ni le type arabe, ni le type syrien, mais qui offrent une certaine analogie avec la race latine. Malgré l'influence du climat et le mélange du sang, un œil exercé parvient à démêler certains traits qui accusent une commune origine avec nous. Ainsi, non-seulement leur cœur est tout français, leur sang l'est aussi, et il reste encore sur leur visage quelques vestiges de cette antique parenté. Les croisés que commandait Raymond, comte de St-Gilles, à Tripoli, appartenaient au midi de la France. C'étaient des enfants de la Provence et du Languedoc. Une poignée de ces braves, fuyant la domination musulmane, alla demander un asile à la nation Maronite, alliée des croisés, qui l'accueillit avec joie dans son sein. Ces guerriers de l'occident se mêlèrent au peuple chrétien qui les avait adoptés, formèrent, à ses côtés, une colonie franque au fond de quelqu'une de ces vallées inaccessibles, protégèrent l'indépendance du sol contre l'invasion ennemie, et payèrent de leur courage et de leur sang, sur les champs de bataille, l'hospitalité qu'ils avaient reçue. Peut-être dans ces villages où notre passage excite un si bienveillant intérêt, y a-t-il quelques descendants de ces anciens champions de ces guerres saintes? peut-être que ces visages amis qui nous saluent, ce sont les fils des vieux compagnons d'armes de Raymond de St-Gilles? Ce qu'il y a de français dans leur sang comme dans leur cœur se réveille instinctivement à notre approche, et leur dit que nous sommes de la même famille. Enfant du midi de la France comme leurs ayeux, je retrouve en eux un souvenir de la patrie, et je salue des frères. Je comprends maintenant ces vives et ardentes sympathies des Maronites pour notre nation. Pour plusieurs d'entr'eux c'est plus qu'une alliée; c'est une mère. Que la France se souvienne toujours de ses enfants du Liban.

Si ces populations se montrent si bienveillantes, les chemins qui conduisent à leurs villages sont vraiment affreux. Qu'on se représente des sentiers étroits, tortueux, plongeant sur l'abîme, qui descendent, se relèvent et rampent en serpentant sur le penchant des précipices. Le lit de ces sentiers est pavé de roches tellement polies et glissantes que les chevaux ne savent où poser leurs pieds. Une chute peut devenir mortelle et précipiter dans l'abîme ; mais l'animal est sûr et il faut se fier sans crainte à son instinct. Quelquefois la route présente la forme d'un escalier naturellement taillé dans le roc ; il faut se tenir solidement pour ne pas se laisser désarçonner par les sauts brusques que fait le cheval pour franchir ces aspérités. Nul chemin d'Europe, si mauvais qu'il soit, ne ressemble à ceux que nous rencontrons : nous avons fini par nous familiariser avec le danger, et nous allons sans hésitation à cheval là où nous ne serions passés auparavant à pied qu'avec une extrême précaution. Avouons cependant que si ces chemins sont peu commodes pour les voyageurs, les Maronites leur doivent la conservation de leur nationalité et de leur religion. Il leur est facile, en temps de guerre, de garder ces étroits passages et de rendre leurs vallées inaccessibles. Ouvrir de larges routes à travers ces montagnes, ce serait préparer les voies à l'invasion des bandes ennemies. Les Maronites le savent, et c'est pour cela qu'ils n'ont nulle envie encore d'améliorer les mauvais sentiers qui conduisent à leurs vallées.

Nous arrivons enfin sur la dernière hauteur qui domine la gorge sauvage au fond de laquelle est assis le monastère de St-Antoine. Le site est singulièrement pittoresque et semble respirer la vie dure et austère des religieux qui l'habitent. Le monastère est suspendu comme un nid d'aigle aux flancs d'un énorme rocher qui dresse au-dessus de ses murs ses cimes anguleuses et forme de ce côté une barrière infranchissable. Au fond de la vallée, un torrent roule ses eaux écumantes à travers les pierres qui remplissent son lit. Quelques bouquets d'arbres sont jetés çà et là dans les anfractuosités des rochers. Au milieu de cette sombre nature et comme pour en adoucir les teintes trop sévères, apparaissent quelques vignes, quelques champs cultivés. C'est le travail des moines Maronites qui ont fertilisé de leurs sueurs cette âpre vallée, et qui la sanctifient par leurs prières.

Lorsque nous débouchons sur le versant de la colline qui s'élève en face du monastère, les religieux prévenus de notre arrivée, agitent toutes les cloches du couvent, et nous saluent du joyeux carillon de leur sonnerie. Ces voix des cloches qui montent vers nous du fond de la vallée, les unes fortes et graves, les autres légères et argentines, répétées par tous les échos des montagnes, semblent nous apporter les vœux et les bénédictions des religieux. Nous nous arrêtons au bruit de ces brillantes volées; l'émotion nous saisit, et nous contemplons avec attendrissement ces bons religieux qui viennent à notre rencontre, et qui nous préparent un tel accueil. C'est là pour nous un des plus touchants épisodes de notre voyage. Nous retrouvons là, dans le cœur de ces moines, comme dans leur éclatant carillon, toutes les sympathies de la nation maronite pour les Français.

Nous descendons par un sentier rapide et taillé dans le roc comme les hautes marches d'un escalier. Nous franchissons le torrent sur un pont d'une seule arche, le long de laquelle pendent des festons de lierre. Une croix de pierre, avec l'image sculptée du Christ, s'élève sur l'un des parapets et garde l'avenue du couvent. Les religieux nous attendent sur la plate-forme qui s'étend devant le monastère. Les frères s'emparent de nos chevaux, et le Père Abbé nous invite à venir nous reposer. Nous sommes introduits dans la salle du divan, et les moines nous apportent sur de larges plateaux des rafraîchissements. L'hospitalité est simple, mais franche et cordiale, comme savent l'offrir des religieux.

Le monastère de St-Antoine de Kossaïa — Mar-Antoun — est la principale maison de l'Ordre des Antonins, qui compte tant de couvents dans le Liban. Il est adossé à un immense rocher et formé en partie par les excavations qui s'étendent sous la montagne. On dirait une vaste ruche suspendue aux escarpements de cette gorge. On nous conduit à l'église taillée dans le roc. Nous remarquons le long des murs de nombreuses béquilles. Elles servent d'appui aux moines qui prient toujours debout ou agenouillés, sans jamais s'asseoir. Elles ont la forme d'un T, et rappellent exactement ce signe que l'on voit sur l'ancien sceau des Antonins de France. C'est le bâton traditionnel de St-Antoine.

La vie des moines est très-austère; ils suivent la règle primitive, qui prescrit de longs jeûnes et une abstinence perpétuelle. Ils partagent leur temps entre la prière et le travail. Nous voyons une presse tenue par eux, qui imprime en arabe et en syriaque des ouvrages de religion et des livres élémentaires pour l'éducation de la jeunesse. J'espère que bientôt, quand par les écoles, l'usage de notre langue sera plus répandu, ils imprimeront des livres français. Les religieux sont aujourd'hui dans le Liban ce qu'ils étaient chez nous au moyen-âge, les propagateurs des lumières, et c'est par eux que l'instruction arrive au peuple. Il existe encore dans cette maison divers ateliers pour tous les métiers nécessaires aux besoins de la communauté. La main industrieuse des religieux manie tous les instruments de travail, et suffit à tout, sans aucun secours étranger. C'est une véritable école des arts et métiers qui forme des ouvriers pour toutes les professions.

Le couvent, pittoresque au dehors, est sombre et triste à l'intérieur. Il présente l'aspect d'un labyrinthe avec ses constructions irrégulières, ses terrasses, ses grottes et ses couloirs obscurs et humides. On entend de toutes parts le murmure de l'eau qui s'échappe du rocher, court le long des murs dans des canaux de bois, et parcourt tous les étages de la maison. Tout dans cette enceinte porte l'empreinte d'une pauvreté austère, jusqu'à l'église elle-même. Et cependant ces moines trouvent dans leur pauvreté de quoi nourrir les indigents de la contrée. Nous assistons à la distribution de vivres qu'ils font tous les jours à ceux qui viennent frapper à leur porte. Nous voyons dans une salle une longue file de ces malheureux tenant dans leurs mains une grande écuelle de bois. Les frères parcourent les rangs et remplissent largement cette écuelle de riz. Au Liban, comme autrefois chez nous, le monastère est toujours la providence du pauvre.

Nous voyons à côté du couvent une grotte profonde qui a, dit-on, servi de retraite à Saint Antoine lorsqu'il vint, d'après la tradition maronite, des déserts d'Égypte, fonder la vie monastique au sein de ces montagnes. C'est là qu'il réunit ses premiers disciples, et qu'il leur donna cette règle que ses enfants suivent encore et qui porte son nom.

Aussi la mémoire du Saint est-elle en grande vénération non-seulement parmi les Maronites, mais encore auprès des Druses et des Turcs. La plupart des enfants sont consacrés à Saint Antoine : ceux qui sont atteints de folie sont conduits à cette grotte. Les moines les soignent : ils jouissent d'une grande réputation pour la guérison de ces malades, et il leur faut, dit-on, peu de temps pour rendre la raison à ces infortunés.

On nous montre, sur la hauteur qui s'élève en face du couvent, plusieurs ermitages où vivent quelques religieux à qui la vie sévère de la communauté ne suffit pas, et qui vont demander à la solitude des retraites plus profondes et des austérités plus grandes. Il en est un qui est centenaire, et qui a passé plus d'un demi-siècle dans son ermitage, n'ayant d'autre nourriture que quelques racines et l'eau du rocher. C'est la vie pénitente des premiers Solitaires. En voyant dans leurs grottes ces anachorètes du Liban, on croit retrouver encore les Antoine et les Paul au désert ; les vertus de ces grands patriarches de la vie cénobitique revivent dans leurs disciples.

La solitude de Mar-Antoun s'est transformée, sous la bêche des religieux, en une vallée fertile et agréable. Un travail opiniâtre, luttant contre cette nature sauvage, est parvenu à adoucir l'aspect trop sévère des rochers et des précipices. Une végétation luxuriante ombrage le lit du torrent. Les orangers s'épanouissent aux chauds rayons du soleil, qui ne brille que quelques heures dans l'étroite vallée. Le mûrier étale sa riche verdure à côté du pâle olivier. La vigne croît sur un sol pierreux et grimpe le long des arbres. C'est le contraste de scènes riantes et variées, au milieu des plus sombres horreurs de la nature. Il y a dans ce paysage, quelque chose qui rappelle la grande Chartreuse de Grenoble. Ce sont les mêmes gorges, les mêmes rochers escarpés, les mêmes sites sauvages et pittoresques. Mais c'est moins grandiose, et l'on sent moins le désert. Il y a de plus, pour tempérer ce qu'offre de trop âpre cette vallée, un ciel serein, un soleil radieux, un sol fertile et la plus riche végétation. Les religieux, en orient comme en occident, ont toujours su choisir, avec une admirable intelligence, le site où ils devaient bâtir leur cellule.

Il nous faudrait un plus long séjour à St-Antoine pour visiter toutes les grottes de la vallée, faire une ascension aux ermitages de la montagne, et goûter tous les enchantements de cette solitude embellie par les travaux des moines, et sanctifiée par leurs vertus. Mais il nous reste encore un long trajet à faire pour arriver à Tripoli où nous ont devancés les bagages et où nos tentes doivent être dressées. Nous saluons les bons religieux, qui nous remercient de l'aumône laissée par la caravane au couvent, et nous poursuivons notre route.

Il faut longer pendant quelque temps le torrent qui bondit à notre gauche à travers les rochers, marcher avec précaution dans un étroit sentier qui rampe sur les escarpements du ravin, et gravir lentement le versant de la vallée opposé à celui par lequel nous étions descendus. Après une heure d'ascension, nous arrivons aux derniers confins de ce désert. Il est fermé de ce côté par des rochers. Une brèche a été pratiquée dans le granit, afin d'ouvrir un passage à l'homme. Un arc en pierre, appuyé sur le roc, forme le portique de cette solitude, et la croix qui le surmonte indique quels sont les hôtes qui habitent ce lieu.

Voici un petit village maronite avec ses habitants revêtus des costumes éclatants du dimanche, et assis à l'ombre des noyers, auprès de la fontaine. Ce sont de bonnes figures, simples, douces et bienveillantes. Il faut toujours monter par des pentes abruptes. Les derniers vestiges de culture disparaissent. Nous ne voyons que quelques bouquets de pin, qui se détachent sur le fond blanc des rochers. Nous atteignons enfin les derniers sommets des montagnes. Quel magnifique panorama se déroule tout à coup devant nous ! La plaine de Tripoli, admirablement encadrée entre le Liban et la Méditerranée, étale ses bois d'oliviers, ses vignobles et ses jardins. Le château des croisés détache sa grande masse sur la hauteur qui commande la ville. Tripoli est mollement assise à l'ombre de ses bosquets parfumés d'orangers et de citronniers, baignant ses pieds dans les eaux de la Kadischa. Sur le dernier plan, la mer avec sa surface unie et brillante, resplendit au soleil comme un miroir d'argent.

Nous retrouvons la vigne en descendant,

sur les dernières ondulations des montagnes qui vont mourir dans la plaine ; les oliviers reparaissent avec leurs larges têtes grises et arrondies. Nous traversons la Zgorta, grande bourgade qui possède une belle église byzantine avec ses brillantes coupoles. C'est là que les habitants d'Eden, fuyant les neiges de leurs montagnes, viennent passer l'hiver. Nous arrivons sur les bords du Nahr-Kadischa, dont nous avons vu la source au pied des cèdres. Le fleuve coule lentement entre deux rives ombragées de lauriers-roses et de myrtes fleuris, qui nous envoient leurs parfums. Il traverse, avant d'entrer dans la ville, un vallon frais et riant qui offre des sites délicieux. De superbes jardins d'orangers s'étendent sur ses bords, et de charmantes petites villas se cachent sous la verdure et semblent se mirer dans ses eaux. C'est vraiment ravissant de grâce, de fraîcheur et d'ombre.

Tandis que nous admirons la beauté de ces sites, un de nos compagnons qui est resté en arrière, est assailli par un Turc fanatique, qui se croit en droit de frapper un giaour. L'intrépide jeune homme saisit bravement l'insolent Mahométan, le jette à terre, le roule dans la poussière, et ne le laisse qu'après avoir châtié par une correction énergique cette injure faite à un Franc. Trois autres Turcs, qui étaient à quelques pas, restent impassibles témoins de cette scène, sans oser porter secours à leur coreligionnaire. Au fond, le Turc a plus d'insolence que de courage, et il est bon que parfois une main vigoureuse le fasse repentir de ses lâches et grossières insultes.

Nous passons au pied du château qui s'élève sur le mont des pèlerins. Nous reconnaissons la forte et massive architecture des croisades avec ses grandes ogives, ses meurtrières et ses créneaux. Il est solidement assis sur le roc, dominant à la fois la ville et le cours de la Kadischa. C'est Raymond de St-Gilles, premier comte de Tripoli qui le fit construire, pendant qu'il assiégeait la ville. Il mourut d'une chute qu'il fit du haut des murs de cette forteresse, avec le regret de n'avoir pu arborer l'étendard de la croix sur la cité infidèle. Aujourd'hui cette antique demeure des comtes de Toulouse, sert de caserne à une garnison turque. De cette hauteur, la ville présente un coup-d'œil magnifique avec ses dômes, ses minarets et ses jardins, au milieu desquels elle semble s'épanouir. Au centre du quartier turc, une grande mosquée élève sa haute coupole : l'architecture en paraît chrétienne. Ce doit être l'ancienne église du temps des croisades. Les palmiers et les pins balancent leur tête au-dessus des toits terminés en terrasse. De nombreux courants d'eau sillonnent ses rues. Des enclos remplis d'orangers, des vergers chargés de fruits apparaissent çà et là entre les habitations. Au milieu des enchantements de ce site, sous ces bosquets odorants, la ville asiatique s'endort mollement et savoure le charme du kief oriental. Si partout ailleurs, surtout dans nos contrées d'Europe, la vie, c'est le mouvement, l'action, le travail; ici, sous ce climat amollissant, c'est le repos, la rêverie et le sommeil. Mais dormir, est-ce vivre ?

Nous longeons, aux portes de Tripoli, le cimetière chrétien où repose un ami d'enfance de M. Boullier, Auguste de Madden, mort, il y a quelques mois à peine, de la fièvre typhoïde, entre les bras des Pères Franciscains. Qu'il repose en paix le pauvre voyageur, sur cette colline où avaient campé les croisés, et qui a dû recevoir la dépouille de plus d'un des enfants de la France qui marchaient sous la bannière du comte de Toulouse !

Nous traversons les rues silencieuses de la ville où apparaissent quelques musulmans accroupis sur le seuil de leurs maisons, et fumant gravement leur narghileh. Nous sortons par la porte opposée, sans nous y arrêter, et poursuivant notre marche à travers les jardins et sous d'épais ombrages, nous arrivons à la Marine, située, comme l'indique son nom, sur le bord de la mer, à trois kilomètres de Tripoli. L'emplacement où sont dressées les tentes est bien choisi : nous campons sur la plage, au pied d'un vieux château bâti par les croisés, et qui tombe en ruines.

Notre camp est bientôt envahi par des visiteurs qu'amène la curiosité, et qui veulent considérer de près le spectacle nouveau pour eux, d'une caravane française. Une famille maronite, qui habite une maison voisine, fait solliciter par un drogman un entretien avec quelque ecclésiastique. Je me rends avec M. l'abbé Boullard aux désirs de ces bons catholiques, qui nous baisent respectueusement les mains et se montrent heureux de contempler les traits d'un prêtre français. On s'empresse autour de nous, et on nous offre une place d'honneur sur un siége de pierre. A l'aide du drogman nous répondons aux questions de cette famille: l'état de la religion en France, l'appui que nous prêtons au Sultan dans sa lutte contre la Russie, l'attachement qui a toujours uni les Maronites à notre nation, et qui les porte en ce moment à faire les vœux les plus ardents pour le succès de nos armes; voilà le sujet de nos entretiens. Je n'oublierai jamais le charme de cette causerie prolongée bien avant dans la nuit, sur le bord de la mer éclairée par la lune, au léger murmure des flots qui bruissent à nos côtés.

Le lendemain, 17 octobre, nous allons dire la messe à la petite église de la Marine. Rien au dehors n'indique sa destination : on dirait une pauvre maison. A l'intérieur, c'est une petite pièce carrée, avec un simple autel de bois et sans aucune décoration. C'est là que se réunissent les deux cents catholiques de la Marine. Près de la porte, un escalier intérieur en bois conduit au logement du religieux franciscain qui remplit auprès de ce petit et fidèle troupeau les fonctions de curé. Il se compose d'une chambre unique, qui occupe l'étage supérieur de l'église. Après la messe, le bon religieux, nous prenant par la main, nous introduit dans cette modeste cure. C'est bien la demeure d'un missionnaire. Quelques livres, de grossières chaises de bois que ses mains ont dû façonner, un crucifix, compagnon assidu de sa solitude, quelques images appendues au mur ; voilà tout son ameublement. Malgré sa pauvreté, il veut nous offrir le café qu'il vient de préparer. Nous l'acceptons avec reconnaissance, et il nous paraît emprunter un parfum de plus de cette aimable et cordiale hospitalité.

La Marine, nom générique commun, dans le Levant, à toute ville assise sur le bord de la mer, forme le port de Tripoli. C'est l'entrepôt d'une partie du commerce du Liban, qui y verse la soie de ses vallées, l'huile de ses côteaux, et qui reçoit en échange les produits de l'industrie des autres nations. La rade où mouillent les vaisseaux est peu sûre et ouverte à tous les vents. Sous la domination des comtes chrétiens de Tripoli, elle était fortement défendue : un château en ruines, sept tours encore debout et plusieurs autres écroulées formaient un ensemble remarquable de fortifications pour la défense de cette côte. Le vaste kan, qui s'étend sur la plage et qui sert aujourd'hui de magasin pour les marchandises, est également l'ouvrage des croisés. La ville n'est qu'un amas confus de maisons irrégulières. Une seule rue la traverse dans toute sa longueur : c'est là que se concentre tout le mouvement de la Marine et que les marchands ont ouvert leurs magasins. Il y a plus de vie et d'activité qu'à Tripoli. La population atteint le chiffre de six mille habitants : elle augmente tous les jours. Les Maronites commencent à s'y fixer et y déversent le trop plein de leurs vallées. On y construit quelques nouvelles habitations, chose si rare en Turquie; les paquebots des messageries impériales, qui font le service du Levant, y ont établi une de leurs stations ; le commerce y prend une extension plus grande; et grâce à ces divers éléments de prospérité, la Marine peut reconquérir l'importance qu'elle avait dans l'antiquité.

La matinée est consacrée à faire une course à Tripoli, que nous n'avons fait qu'entrevoir dans notre rapide passage de la veille. Nous trouvons à la porte de la Marine une foule d'amis qui nous offrent leurs montures pour faire ce trajet et nous assiègent de leurs importunités. Les ânes ne manquent pas ; ils stationnent en nombre sur ce point, attendant les voyageurs, les appellant en quelque sorte de leur voix bruyante, et font entre les deux cités un service à volonté. Ils n'ont pas si mauvaise tournure, et quoique accoutumés au fier coursier arabe, nous les acceptons pour faire ce trajet. A peine enfourchés, ils redressent fièrement leur tête, comme s'ils étaient glorieux de leur fardeau, et prennent droit le chemin de la ville presque toujours au galop.

Tripoli — Tarâbolos en arabe — était autrefois composée, comme l'indique le nom grec qu'elle porte, de trois cités fondées par des colonies de Tyr, de Sydon et d'Aradus, petite ville phénicienne située sur un îlot, en face de Tortose, et dont il ne reste plus aujourd'hui de vestiges. La première était située vers le levant, sur la colline où s'élève l'antique château des croisés : la seconde occupait le même emplacement que la ville actuelle ; la troisième était assise au bord de la mer, là même où est aujourd'hui la Marine, comme l'indiquent ces nombreuses colonnes de granit et de marbre que nous voyons le long du rivage, à moitié ensevelies dans le sable.

Le nom de Tripoli se trouve au second Livre des Machabées. Il y est dit que Démétrius Soter débarqua au port de cette ville avec une armée nombreuse, afin de revendiquer par les armes la domination de la Syrie. (1) A la première croisade, l'émir de Tripoli, qui avait tenté d'arrêter la marche de l'armée chrétienne, fut vaincu, et forcé d'acheter par son tribut la paix et le salut de sa capitale. C'est dans cette plaine que les croisés trouvèrent cette plante plus douce que le miel, qu'ils ne connaissaient pas encore, la canne à sucre, qui leur fut d'un si grand secours, au milieu des fatigues de cette longue marche. Le vieux Raymond de St-Gilles mourut devant Tripoli, avec le regret de n'avoir pu la soumettre. Son fils Bertrand

(1) IIe Livre des Machab. Ch. XIV.

vint, en 1108, poursuivre le siége de la cité musulmane. Baudouin, successeur de Godefroi sur le trône de Jérusalem, amena au fils de Raymond le secours de son armée, et la ville infidèle, sentant l'impossibilité de la résistance, demanda à capituler. Les historiens arabes, qui racontent ce siége, reprochent aux Latins des actes de violence et l'incendie d'une immense bibliothèque, que les vainqueurs livrèrent aux flammes. Le silence des historiens latins des croisades sur ce point permet de révoquer en doute ces assertions ennemies, empreintes au moins d'une grande exagération.

Tripoli après avoir été assiégé sans succès, en 1188, par Saladin à qui la victoire de Tibériade avait ouvert les portes de Jérusalem, fut pris au XIIIe siècle par les Musulmans, et sept mille chrétiens furent cruellement égorgés par le féroce vainqueur. C'est alors que plusieurs d'entr'eux, fuyant les nouveaux conquérants, cherchèrent un refuge dans le Liban, et se fixèrent parmi les Maronites.

Tripoli présente l'aspect de toutes les villes de l'Orient : des rues étroites et tortueuses, des maisons sans fenêtres extérieures et des bazars où sont étalés les divers produits de l'industrie indigène. J'ignore si on y trouve aujourd'hui ces quatre mille ouvriers qui, au temps des croisades, sous la domination musulmane, fabriquaient ces étoffes de laine, de soie et de lin, renommées dans tout le Levant. Cette ville renferme dans sa vaste enceinte, quinze mille habitants : on y compte deux mille catholiques ; mais ce nombre est considérablement diminué, pendant l'été, par le retour des Maronites qui sont parmi eux, aux vallées du Liban. Quatre ordres religieux se partagent pendant l'hiver l'administration spirituelle de la population catholique ; ce sont les Franciscains, les Capucins, les Carmes et les Lazaristes. Au retour de la belle saison, les Lazaristes et les Carmes suivent l'émigration maronite dans le Liban. Les Franciscains donnent ici, comme dans leurs hospices de Terre-Sainte, l'hospitalité aux voyageurs francs. Ce qui fait le charme de leur modeste demeure, c'est un délicieux jardin rempli d'orangers avec un jet d'eau au milieu. L'église paroissiale, quoique dépourvue d'architecture, est parfaitement tenue et enrichie d'ornements qui prouvent beaucoup plus de piété que de goût. Ce que je voudrais à Tripoli, ce sont des écoles chrétiennes pour les enfants; ce sont surtout des religieuses françaises pour ouvrir un petit hospice, soigner les malades, élever les jeunes filles, et préparer ainsi les voies au christianisme auprès de la population musulmane. Il y a là une belle place pour la colonie de Sœurs qui viendra l'occuper, et son dévouement sera couronné des mêmes succès que celui des Sœurs de Beyrouth et de Jérusalem.

Après une visite au consul français, qui nous reçoit avec une aimable courtoisie dans un superbe salon dont l'ameublement européen se mêle au genre oriental, et qui nous fait servir de délicieux sorbets préparés avec la glace du Liban, nous nous faisons conduire par le cavas du consulat à un établissement de bains turcs. Nous choisissons le moment où il n'y a plus de baigneurs. Cet établissement, comme tous ceux de l'Orient, se compose d'une suite de pièces pavées de marbre, à compartiments de diverses couleurs, et éclairées par de petits dômes à vitraux peints. La pièce qui sert d'entrée est vaste, aérée, couverte d'une coupole, et garnie d'estrades où l'on dépose ses vêtements pour revêtir le costume du bain. De là, nous passons dans diverses salles dont la chaleur augmente par gradations à peine sensibles. C'est d'abord la température de l'air extérieur, puis une atmosphère tiède, puis une chaleur de plus en plus grande, jusqu'à la dernière pièce où l'on est presque suffoqué par la vapeur de l'eau bouillante. On ne fait point, comme chez nous, usage de baignoires. Ce n'est qu'une succession de douches, d'étuves, et d'aspersions. Sous la température brûlante concentrée dans ces pièces, les pores s'ouvrent, les membres s'assouplissent et une douce moiteur s'échappe de la peau. Un des serviteurs du bain promène alors sur nos épaules et sur les membres une brosse de poil de chameau, puis une éponge savonneuse qui adoucit la peau. Il fait ruisseler sur la tête et sur les épaules la mousse de savon parfumée avec l'eau de rose ; et après ces diverses opérations qui, pour les européens ont plus d'ennui que de charme, on jette sur nos épaules un nouveau linge à la place de celui qui est mouillé, et nous allons nous étendre sur l'estrade où nous avons laissé nos vêtements. C'est le moment où l'on ressent, dans une douce quiétude, l'action rafraîchissante du bain. On nous sert alors le café, les sorbets, et pour les fumeurs le schibouk avec le tabac parfumé de Lattakieh. C'est là le complément indispensable du bain oriental.

Au point de vue hygiénique, il faut en convenir, ces bains, avec leurs raffinements, sont loin d'avoir la vertu de ceux d'Europe : au lieu de fortifier, ils jettent dans une vague et languissante atonie. Au point de vue moral, ils développent des habitudes de sensualisme et achèvent d'amollir une population déjà énervée par le climat.

Grâce au service accéléré de la poste aux ânes, nous sommes bientôt de retour à la Marine, et nous voyons à notre arrivée le *Mentor* qui vient de mouiller dans la rade. Il faut faire nos préparatifs de départ, et surveiller le transport des bagages sur le bateau. Nous faisons nos adieux à M. Schembri, l'habile organisateur de la caravane, qui s'est montré plein de soins et de prévenances pour tous. Salek, le drogman maronite, au cœur bon et dévoué, Ali, le grand et beau Saïs noir viennent baiser la main aux deux voyageurs qu'ils ont accompagnés au Liban, et acceptent avec reconnaissance le bakchis qui leur est offert.

Nous avons parmi nous un nouveau compagnon de voyage que nous allons quitter. C'est un enfant arabe, qui a rencontré la caravane à Damas et qui s'est attaché à sa suite. L'histoire de ce jeune vagabond est assez curieuse. Il est né à Naplouse. Ayant perdu son père, et se voyant possesseur d'un petit héritage de quelques centaines de piastres, il s'est laissé tenter par l'idée de courir le monde. Il a acheté un beau costume neuf, un petit âne pour faire ses courses, et le voilà fièrement en route. Les quelques piastres sont bientôt dissipées, et le jeune prodigue, à bout de ressources, était à Damas, errant à l'aventure, lorsqu'il a fait la rencontre des voyageurs français. C'était pour lui une bonne fortune, et il les a suivis. Il est devenu le commensal des moukres qui lui ont fait bon accueil, et il a payé cette hospitalité par les espiégleries de son âge et par des chansons qui charment singulièrement les Arabes.

Le jeune Omar — c'est son nom — a quitté Damas avec les Français, et montant à poil son ânon, il s'est mis à trotiller de son mieux à la suite de la caravane. Il a égayé le voyage par sa joyeuse humeur et sa comique allure. Quand le petit âne était fatigué, il le soulageait en mettant gaiement pied à terre, et en jouant le long du chemin. Il est ainsi arrivé jusqu'à la Marine, et il a manifesté le désir de nous suivre sur mer et de nous accompagner jusqu'en France. Déjà il a été question de l'embarquer avec nous, et nous formons à ce sujet de beaux projets. Nous l'instruirons de la religion chrétienne, et, par le baptême, nous ferons de ce pauvre enfant de Mahomet, un enfant de l'Église. Plusieurs d'entre nous voudraient l'avoir, et pour ma part je serais vraiment heureux de l'emmener avec moi, et de le présenter à mes élèves du lycée de Nîmes, comme le souvenir vivant de mon pèlerinage. Mais voilà qu'au moment du départ, le jeune Omar hésite, s'éloigne de nous et finit par nous déclarer qu'il ne veut pas quitter son pays. Ce sont les moukres qui l'ont fait changer de dessein, et qui l'ont engagé à rester avec eux. Je l'ai vivement regretté. J'aurais voulu qu'il fût devenu comme le fils adoptif de la caravane. Nous l'aurions arraché à cette vie vagabonde et désordonnée; il nous aurait été si doux d'en faire un chrétien et un français !

XI

Côtes de Syrie et de l'Asie Mineure. — Lattakieh. — Alexandrette. — Mersine. — Ruines de Pompeiopolis, d'Eleusa, de Séleucie, d'Holmus, d'Anemour, d'Antiphellus. — Arrivée à Rhodes.

Nous voici à bord du *Mentor*, qui nous ramène quelques-uns de nos compagnons de voyage que nous avions laissés à Jérusalem, au Carmel et à Beyrouth. C'est avec bonheur que nous retrouvons ces amis qui viennent remplir les vides de la caravane, et écouter le récit de nos longues et belles courses. J'embrasse avec joie mon compatriote du midi, M. Domergue, qui regrette de ne s'être pas arraché aux charmes du séjour de Beyrouth pour affronter avec nous les fatigues de l'excursion du Liban.

Parmi les passagers du *Mentor*, nous sommes heureux de rencontrer deux français: l'un d'eux nous est connu ; c'est M. de Félix, d'Avignon, que nous avons déjà vu à Beyrouth. Il emmène avec lui en France cette belle jument arabe dont nous avions déjà admiré la souplesse et l'élan dans notre promenade au bois de l'émir Fakardin, et qui excite également l'admiration de nos compagnons de voyage.

L'autre passager arrive de Jérusalem qu'il a visitée après le départ de notre caravane. C'est M. Affre, neveu de l'archevêque-martyr. Parti quelque temps après nous pour la Terre-Sainte, avec l'espoir de nous rejoindre, il a rencontré sur mer et sur terre tous les inconvénients qui s'attachent à un voyage que l'on fait seul.

Nous reprenons cette vie commune de bord, pleine de joie et d'entrain, de causeries animées et de lectures, qui avait eu pour nous tant de charmes sur l'*Alexandre*. La caravane présente une physionomie presqu'orientale; plusieurs d'entre nous, se façonnant aux habitudes asiatiques, ont adopté une partie du costume et des usages de l'Orient, et on les voit étendus sur de moelleux tapis de Damas, à la façon des graves Osmanlis, fumer le long schibouk et s'enivrer de la fumée odorante du Tombaski.

Le *Mentor* reprend le large, et le Liban arrondi en courbe immense autour de la plaine de Tripoli, présente, au soleil couchant, un aspect magnifique. Il faut être en mer pour jouir de la beauté de ce spectacle. Rien n'est comparable aux lignes de ces larges horizons, à la richesse des teintes, aux contours suaves et fuyants des montagnes, à cette douce vapeur, répandue dans les lointains, qui arrondit les objets, et dissimule ce qu'ils pourraient avoir de dur et de heurté dans leurs formes. Les sommets de la chaîne libanique sont empourprés des reflets du soleil couchant, tandis que la base est déjà plongée dans l'ombre. Une teinte singulièrement harmonieuse marie le ciel et la terre; les extrémités s'unissent par une gradation insensible de couleurs, et à travers cette lumière transparente qui revêt la nature des nuances les plus variées, le regard suit les ondulations des montagnes qui se déroulent au loin comme d'immenses vagues.

Nous laissons à notre droite Tortose avec son château des croisades et sa belle église ogivale, à trois nefs, qui sert aujourd'hui de mosquée; et la petite île de Rouad où florissait, selon Strabon, une cité puissante dont il ne reste plus de vestiges. La nuit est superbe : la lune brille dans un ciel pur, et réfléchit dans les flots sa lumière tremblante ; le vaisseau glisse sans effort sur une mer calme et unie ; une douce brise vient tempérer les chaleurs du jour, et formés en petits groupes sur le pont, nous nous laissons aller, pendant de longues heures, aux enchantements de cette belle nuit d'Orient.

Le lendemain, à cinq heures du matin, nous jetons l'ancre devant Lattakieh, l'ancienne Laodicée fondée par Séleucus Nicanor, qui lui donna le nom de son épouse. La vue de la ville, de ses dômes, de ses minarets et de ses palmiers rappelle l'aspect de Tripoli : c'est le même mélange de jardins, de verdure et d'habitations. Ici comme à Tripoli, il y a une petite ville bâtie sur le bord de la mer, qui porte le nom de la Marine, et qui forme le port de Lattakieh située à un mille du rivage. Le principal commerce d'exploitation c'est le tabac à fumer, si renommé en Orient, qu'on récolte dans cette plaine, et les vins des côteaux qui rivalisent avec ceux de Chypre. Nous remarquons sur la plage de nombreux fûts de colonnes, vestiges de l'ancienne cité.

Un mauvais chemin nous conduit de la Marine à Lattakieh. La ville ne présente qu'un amas confus de chétives habitations séparées par d'étroits et sales passages. De loin, on dirait de charmantes demeures assises au milieu des jardins, à l'ombre des palmiers; mais de près, le prestige s'évanouit, et il ne reste que de pauvres constructions entourées d'immondices. C'est du reste l'aspect que présentent la plupart des villes de l'Orient: il faut se contenter de les voir de loin, à travers les souvenirs de l'histoire et les admirables teintes de cette lumière qui donne tant de beauté au paysage, pour conserver le charme de l'illusion.

Notre première visite est pour l'agent consulaire de la France. Il occupe une habitation délicieuse, arrangée avec un goût exquis où il a su allier, par un heureux mélange, le confort européen au genre oriental. Mais il y a pour nous quelque chose de plus charmant encore que cette belle demeure. C'est le représentant de notre pays qui en fait les honneurs, avec une aimable obligeance, à ses hôtes de France. Il nous accueille avec une gracieuse courtoisie dans sa superbe salle du divan, nous offre des rafraîchissements qui ont tant de prix sous ce ciel de feu, et nous intéresse vivement par les détails qu'il nous donne sur les populations qui habitent les montagnes voisines. Ce sont les Ansariés, peuplade idolâtre, qui rend un culte à la lune, et vit dans un isolement farouche; les Ismaëliens, qui jouèrent autrefois un grand rôle sous le nom d'*Assassins*. Cette secte mystérieuse dont parlent les historiens des croisades, qui avait pour chef le Seigneur ou *Vieux de la montagne*, et qui, à l'aide du poignard et du poison, se défaisait de ses ennemis, n'inspire plus aujourd'hui la même terreur. Elle a déposé son fanatisme, et dans ce moment un de ses émirs manifeste le désir d'embrasser le christianisme; mais il redoute la persécution des Mahométans, et il réclame auprès de notre agent consulaire la protection de la France pour pouvoir professer librement sa foi. Cent vingt personnes de la même tribu suivraient son exemple, et si la liberté des cultes était proclamée en Orient, des populations entières s'ébranleraient pour demander le baptême.

Les Arméniens schismatiques, moins haineux que les Grecs, montrent également un mouvement de retour vers l'unité catholique. Il est douloureux d'avoir à signaler les manœuvres perfides de quelques missionnaires Américains, sectaires fanatiques et intolérants, dont l'unique mission est de souffler l'esprit de discorde dans ces contrées, et de provoquer contre les catholiques les persécutions du Mahométisme. Les pauvres Arméniens sont souvent les victimes de ces haines farouches, et ils invoquent l'appui de notre agent consulaire pour les protéger contre ces vexations odieuses.

Il y a une belle moisson à recueillir pour la foi, au milieu de ces populations que leurs sympathies pour la France attirent tous les jours au catholicisme. C'est aux Pères de Terre-Sainte, établis à Lattakieh, qu'il appartient de seconder ces heureuses dispositions. Qu'ils détachent au milieu de ces tribus voisines quelques-uns de ces religieux ; que ces missionnaires sillonnent, dans leurs courses apostoliques, les montagnes voisines ; qu'ils visitent les Arméniens dans leurs villages ; qu'ils aillent camper sous les tentes des Ismaëliens, et bientôt de nombreuses conquêtes seront le fruit de leur apostolat.

C'est le désir que nous a exprimé le vice-consul Français qui représente si bien à Lattakieh l'influence politique et religieuse de la France, et qui promet son concours à cette œuvre : admirable chrétien, qui tient de l'apôtre, qui se préoccupe des besoins religieux de ces contrées infidèles, et qui serait si heureux de seconder la propagation de l'Évangile! il jouit à Lattakieh d'une haute considération, et il la doit à ses qualités éminentes autant qu'à son titre de représentant de la France. Les chrétiens le bénissent comme leur protecteur; les Turcs invoquent son arbitrage dans leurs affaires ; le gouverneur lui-même recourt à son intervention, et les scheiks des tribus voisines viennent le prier de régler leurs différends. Grâce à cette influence, le nom français réveille des sympathies à Lattakieh comme dans le Liban, et notre drapeau y protége les faibles et les opprimés contre la violence et l'injustice.

Lattakieh possède quelques antiquités qui attestent quelle fut autrefois sa splendeur. Nous voyons dans les jardins et le long des murs de longues lignes de colonnes qui sont encore debout avec leurs chapiteaux. On nous montre un arc de triomphe, à quatre arcades, d'une belle architecture, et nos dessinateurs s'empressent d'en faire sur leur album un rapide croquis. La disposition du monument est semblable à celle de l'arc de triomphe de Janus Quadrifons qu'on voit à Rome, entre le Forum et le Tibre. C'est un carré parfait, formé par quatre arcades qui s'appuient sur des colonnes corinthiennes, et sont reliées entr'elles par une voûte en forme de dôme. La frise présente une riche ornementation de trophées d'armes, de boucliers, de cuirasses, de casques sculptés sur la pierre. Peut-être est-ce le souvenir de la victoire remportée par l'empereur Aurélien sur Zénobie, la reine de Palmyre? Les arcades ont été murées, et le monument a dû être converti en église, au temps des croisades, comme l'indiquent les vestiges de quelques peintures religieuses. Le nimbe qui entoure la tête des saints est encore visible à travers le badigeon dont les murs sont recouverts. L'édifice chrétien sert aujourd'hui de mosquée. Quelques pas plus loin, nous rencontrons un autre arc de triomphe, d'une architecture plus simple et sans ornements. Il est précédé d'une colonnade qui devait autrefois lui servir d'avenue.

Lattakieh se trouvait sur le passage des croisés, et Godefroi de Bouillon s'en rendit maître. Ils furent rejoints dans cette ville par un grand nombre de chevaliers anglais, anciens compagnons d'armes d'Harold, qui, chassés de leur patrie par Guillaume-le-Conquérant, venaient consacrer à la délivrance du saint tombeau une épée désormais inutile pour l'affranchissement de l'Angleterre. Il reste à Lattakieh un souvenir du passage des croisés. C'est la rosace de l'église dont il n'existe plus que quelques vestiges.

Nous allons saluer les Pères Franciscains, qui possèdent un couvent dans cette ville. C'est à eux qu'est confié le soin des cinq cents chrétiens qui forment la population catholique de l'ancienne Laodicée. Ils dirigent une petite école d'enfants auxquels ils enseignent l'arabe et l'italien. Il y a aussi une école de jeunes filles, tenue par une institutrice chrétienne. On y apprend à lire l'arabe et à coudre; l'instruction est des plus élémentaires;

point d'écriture ni de broderie. Il faudrait là, comme à Tripoli, des religieuses françaises ; elles auraient bientôt une école florissante, et les trois mille Grecs schismatiques de cette ville y enverraient leurs enfants.

Nous regrettons de n'avoir pas le temps d'aller visiter les catacombes chrétiennes de l'ancienne Laodicée, qui sont à une lieue de distance dans la campagne. Elles doivent être d'un très grand intérêt pour l'archéologie sacrée. Elles ont servi d'asile aux premiers chrétiens ; les dépouilles de plusieurs martyrs y ont été déposées, et on y voit encore, nous dit le vice-consul, de nombreuses inscriptions grecques et latines, qui sont très-précieuses pour l'histoire de l'époque chrétienne de Laodicée.

La ville moderne compte vingt mille habitants ; plus de seize mille sont Musulmans. Le sol est riche et les jardins qui entourent la ville sont assez bien cultivés. Les populations de la plaine et de la montagne y apportent leurs productions, et le port de la Marine lui donne une importance qui est appelée à grandir.

Nous reprenons la mer sur les 6 heures

du soir, et nous continuons à longer les côtes de la Syrie. Nous saluons en passant les ruines de Séleucie, cette sœur de Laodicée, et plus loin celles d'Antioche sur les bords de l'Oronte, et nous jetons l'ancre, au lever du soleil, dans le golfe de Skanderoun, l'ancien *Issicus sinus*. Nous sommes en face de la petite ville de Skanderoun, l'ancienne Alexandria, Kata Isson des Grecs, l'Alexandrette des Européens. Comme Alexandrie d'Égypte, elle doit son origine et son nom au conquérant macédonien. Il en est question dans les récits de la première croisade ; elle tomba au pouvoir de Tancrède dont les bandes victorieuses soumirent cette contrée.

Cette ville, établie sur un sol insalubre et marécageux, ne présente aujourd'hui qu'un amas de chétives masures. Pour échapper aux exhalaisons fiévreuses de cette plaine, plusieurs habitants ont eu l'idée singulière de suspendre leurs cabanes à des poteaux élevés. Ces habitations aëriennes, perchées sur de hautes colonnes de bois, ont l'air de grands nids d'oiseaux, et excitent vivement notre curiosité.

Le port d'Alexandrette sert de débouché

aux marchandises que les chameaux apportent d'Alep. Nous avons sur le *Mentor* deux religieux capucins qui viennent d'Italie, et qui descendent sur ce point pour se rendre à cette dernière ville. Ils sont à la tête de la mission d'Alep où ils ont une maison, et dirigent le petit troupeau catholique de cette grande cité.

Nous poursuivons le soir notre voyage de circumnavigation, et le lendemain 20 octobre, nous faisons une nouvelle station dans la rade de Mersine. Cette petite ville sert de port au commerce de Tarsous, l'ancienne Tarse de Cilicie.

Quatre ou cinq de nos plus ardents chasseurs descendent à terre, attirés par la réputation giboyeuse de la côte. Après avoir pris des renseignements auprès des Européens qui habitent ce comptoir, ils vont battre vainement les taillis et les fourrés de la plaine, à la poursuite des francolins et des sangliers, au risque de rencontrer quelques bandits qui se livrent impunément dans cette contrée à un autre genre de chasse.

Je descends avec M. l'abbé Langenieux pour aller explorer cette ville. Mersine —

Mersous en arabe — est pleine de mouvement et d'animation. On dirait une population active comme celle de nos ports de France. De longues files de chameaux apportent les denrées de l'intérieur : de vastes magasins reçoivent les marchandises ; les navires qui sont dans la rade font leur chargement : des Européens de toutes les nations, parmi lesquels dominent les Italiens, se livrent au négoce. Cette ville ne fait que de naître ; mais elle est appelée à devenir le centre de tout le commerce de cette contrée.

Nous rencontrons un médecin italien qui nous introduit dans la maison d'un de ses compatriotes. Nous y recevons un charmant accueil. Nous sommes au sein d'une honorable famille de Rome, que des revers de fortune ont jetée sur cette plage. D'autres Italiens viennent nous rejoindre et causer avec nous des événements qui se préparent en Orient. Cette intéressante colonie nous exprime le regret qu'elle éprouve de n'avoir point de prêtre pour administrer les secours de la religion. Ils seraient si heureux si l'un de nous consentait à rester au milieu d'eux ! Ils s'engagent à prendre soin de lui comme d'un père, à le seconder dans ses entreprises, et à ne rien négliger pour lui rendre ce séjour agréable. C'est une proposition qui est bien séduisante pour un pèlerin. Il ferait bon planter sa tente au milieu de ce petit troupeau sans pasteur. Ce ministère ne serait pas sans consolations..... cette pensée me poursuit, et je me surprends à désirer que la Providence me conduise quelque jour au sein de cette colonie chrétienne, perdue sur cette plage.

On vient nous offrir des médailles que l'on découvre tous les jours en remuant cette terre historique. Il en est de l'époque grecque, de la domination romaine et du Bas-Empire : parmi celles dont je fais l'acquisition, il en est une d'argent, parfaitement frappée, avec le profil d'une tête grecque, sur laquelle je lis le nom de Samos.

Nous regrettons de ne pouvoir aller visiter la patrie de Saint Paul, Tarse de Cilicie, aujourd'hui Tarsous. Elle est à 6 lieues de distance, sur le Cydnus. Nous rencontrons un médecin polonais qui nous donne quelques détails sur cette antique cité où il exerce son art. Elle renferme quatorze mille habitants.

On y compte un millier d'Arméniens catholiques et quelques Européens attirés par le commerce. L'ancienne église consacrée à Saint Paul est aujourd'hui transformée en Mosquée. On y voit, comme à Laodicée, des catacombes qui ont servi à la célébration des saints mystères et à la sépulture des premiers chrétiens. Il doit y avoir de précieux trésors à recueillir pour l'archéologie sacrée. Aujourd'hui Tarsous décline rapidement et son commerce prend le chemin de Mersine.

Nous levons l'ancre, après une station de quelques heures, et nous continuons cette charmante navigation qui nous permet de suivre ces côtes si intéressantes de l'Asie mineure, tant le *Mentor* reste, pendant sa marche, rapproché du rivage. Le pont du bateau est comme un observatoire d'où nous découvrons les sinuosités des vallées, la végétation des montagnes et jusqu'aux nombreuses ruines semées sur cette plage. Cette plaine qui court le long de la mer est l'ancienne Cilicie — Cilicia campestris. — Elle est bornée par une chaîne de hautes montagnes, parallèles au rivage, qui sont une ramification du Taurus. Voici, à deux lieues de

Mersine, vers le nord, de superbes ruines : ce sont celles de Pompeiopolis, bâtie pour honorer le souvenir de quelque victoire de Pompée. Nous sommes si près de la côte, grâce à l'obligeance du commandant, que nous pouvons compter les colonnes qui sont encore debout. Il y en a quarante, formant trois groupes, vestiges d'autant de temples. On dirait les belles colonnades des temples de Pœstum : c'est le même site et le même aspect, en face de la mer, sur une plage déserte. Nous distinguons encore les restes d'un arc de triomphe et d'un amphithéâtre, et d'autres débris épars sur cette colline. Des fouilles exécutées sur ce point pourraient mettre au jour quelques précieuses sculptures.

Le *Mentor* poursuit sa route, et de nouvelles ruines succèdent à celles que nous quittons. Des tours crénelées s'élèvent de distance en distance sur les hauteurs et jalonnent cette côte. Elles ont dû servir à maintenir ce pays sous la domination musulmane. Quelquefois un château fortifié se dresse sur le flanc des montagnes comme ces châteaux féodaux qui couronnent les rochers qui dominent le cours du Rhône. Un aqueduc antique, à double rang d'arcades superposées, traverse ces gorges et court le long de la côte : il rappelle l'aqueduc romain du Pont du Gard. Nous suivons longtemps les longues lignes de ses arcs parfaitement conservés. Ces grandes ruines qui s'étendent sur une longueur considérable, et qui descendent jusqu'à la mer, ne sont-elles pas des vestiges de l'ancienne Eleusa ? En face de ces ruines, sur un îlot rocheux, s'élève une forteresse flanquée de tours. Elle est abandonnée, mais dans un état de parfaite conservation. Son architecture présente les caractères du moyen âge.

Le soir la mer est agitée, et les vagues soulevées par le vent escaladent le pont du navire. Le commandant, redoutant pour nous une nuit orageuse, ordonne le mouillage. On jette l'ancre, et, comme le dit poétiquement un de nos spirituels compagnons de voyage, M. Levesque,

. . . . le flot inutile
Fatigua vainement le *Mentor* immobile.

Le lendemain, au point du jour, le vaissceau reprend sa course, et d'heure en heure, comme un visage qui efface lentement les traces de sa colère, la mer s'apaise et laisse tomber sa houle. Nous reprenons avec le jour notre poste d'observation sur le pont du navire, et les yeux toujours fixés sur la côte, une carte à la main, nous interrogeons les ruines dont toute cette contrée est semée. Nous sommes à l'embouchure du Calycadnus, aujourd'hui Sélef. C'est dans cette rivière que Frédéric Barberousse, qui marchait à la tête de la troisième croisade, trouva la mort. Nous ne sommes pas loin de Sélefké, l'ancienne Séleucie dont les belles ruines attirent encore l'admiration des voyageurs. Nous doublons le cap Sarpédon : sur le versant opposé, nous distinguons d'autres ruines ; ce sont celles d'Holmus ; plus loin celles de Mélanie ; plus loin encore celles d'Arsinoë qui couronnent pittoresquement la hauteur. Voici le cap d'Anémour — Anemorium. — Il y a de magnifiques restes de la ville de ce nom, appartenant à diverses époques depuis la domination grecque et romaine jusqu'au moyen âge. L'œil suit sur la colline la ligne brisée des remparts : dans l'enceinte abandonnée, nous distinguons les ruines d'un aqueduc, d'un théâtre et d'autres débris qui attestent l'antique splendeur de la cité grecque. Que de villes florissantes qui s'élevaient autrefois sur cette côte! La domination turque s'est abattue sur elles, et n'y a laissé que la solitude et des ruines.

La nuit du 21 octobre est calme et délicieuse. La mer réfléchit sur sa surface unie toutes les splendeurs de la voûte étoilée. Les flots, soulevés par les roues du vapeur, dégagent cette clarté phosphorescente qui laisse après nous une longue traînée de lumière. On dirait des vagues de feu ruisselant autour du navire. Nous ne nous lassons pas d'admirer la beauté de ce phénomène, qui fait étinceler sur les eaux toutes les constellations des cieux.

Les ruines reparaissent avec le jour, et l'on dirait que sur cette côte autrefois si peuplée la vie a disparu, et qu'il n'existe plus que des monuments renversés et des villes désertes. Quelle abondante moisson pour le voyageur qui peut aller interroger ces débris du passé, et recueillir les souvenirs de ces cités éteintes! Cette ville qui s'élève en amphithéâtre, au fond d'une vaste rade, avec son cirque et ses constructions antiques mêlés aux constructions modernes, c'est Myra. Plus loin, ce sont les restes d'Antiphellus, autre cité de l'époque grecque, qui conserve encore de nombreuses colonnes et de précieux sarcophages. Toute l'antiquité, avec ses monuments, semble ainsi passer sous nos yeux, et l'histoire du passé est écrite sur ces ruines que les ravages du temps et surtout le vandalisme des hommes ont semées avec une désolante profusion sur ces rivages.

Des groupes de petites îles sont échelonnés le long de la côte, comme des navires à l'ancre. Nous avons déjà entrevu à notre gauche, dans les lointaines vapeurs du soleil couchant, l'île de Chypre que nous aurions aimé à visiter parce qu'elle est pleine de souvenirs français. Voici l'île Dolichiste, qui montre sur un de ses sommets un fort en ruines. Ces montagnes qui baignent leurs pieds dans la mer sont l'Anti-Cragus.

On signale à l'horizon un bâteau qui se dirige vers nous à toute vapeur. Nous le hélons, et un de nos canots, promptement jeté à la mer, transporte à son bord quelques-uns de nos hommes qui vont s'informer quel est l'état des esprits à Constantinople, et si les hostilités avec les Russes ont commencé. Les nouvelles sont rassurantes ; les bruits de guerre n'ont rien d'alarmant et Constantinople est tranquille. Le *Scamandre* — c'est le nom du bateau — transporte à Beyrouth Mgr Brunoni, légat du Saint-Siége dans le Liban. Nous nous empressons d'envoyer, à travers les flots, au *Scamandre* et à son noble passager, de toute la puissance de nos cœurs et de nos poitrines, un salut affectueux et retentissant, qui nous est rendu à l'instant avec une égale sympathie.

L'île de Rhodes commence bientôt à poindre à l'horizon où nos yeux la cherchent depuis longtemps. Ce n'est d'abord qu'une forme indécise et vaporeuse : mais à mesure que le bâtiment s'avance, l'île se détache sur le fond lumineux du ciel, et grandit. Ses collines, ses palmiers, les tours de ses remparts s'élèvent lentement du sein des flots : le port s'ouvre devant nous, et à quatre heures du soir nous jetons l'ancre devant la célèbre ville des chevaliers.

XII

L'Ile de Rhodes. — Les chevaliers de St-Jean. — Les deux grands-maîtres Pierre d'Aubusson et Villiers-de-L'isle-Adam. — La rue des chevaliers. Ancienne église de St-Jean. — Aspect de la ville. — Ile de Cos. — Patmos. — Samos. — Scio.

L'île de Rhodes justifie le nom gracieux qu'elle porte. Patrie des roses, elle est la *rose* de l'Archipel, et elle s'épanouit, au sein des flots, avec sa couronne de palmiers et ses bosquets d'orangers, comme une corbeille de fleurs. Son climat tiède en hiver, rafraîchi pendant l'été par des brises régulières, son ciel si pur et si brillant en ont fait dans tous les temps un séjour délicieux. La ville avec ses fortifications élevées par les chevaliers, ses bastions et ses tourelles, ses fossés et ses ponts-levis, n'offre point cette physionomie orientale que nous avons remarquée dans les autres cités. On dirait, en voyant l'aspect guerrier de ces murs, une fière et grande forteresse du moyen âge égarée sous ce beau ciel d'Orient.

Le nom de Rhodes occupe une place dans l'histoire de l'antiquité. Les beaux-arts y furent cultivés, et son école d'éloquence, fondée par Eschine, est demeurée célèbre. Mais ce qui fait son éternelle gloire, c'est cette valeureuse milice de héros connus sous le nom de chevaliers de Rhodes. Tous les souvenirs de son histoire s'effacent devant cet ordre illustre qui fit de cette île le dernier boulevard des chrétiens contre le Mahométisme. C'est là que Foulques de Villaret, grand-maître de l'Ordre, après la prise de St-Jean-d'Acre, vint planter en 1310, la noble bannière de la croix qui devait, pendant deux siècles, faire reculer le Croissant. Établis dans cette île dont la souveraineté leur fut accordée par le pape, ces religieux militaires continuèrent glorieusement l'œuvre des croisades, et repoussèrent souvent l'invasion musulmane.

En 1440 et 1444, ils furent attaqués par le Sultan d'Égypte qu'ils forcèrent à lever le siége, après plusieurs assauts inutiles. Ils étaient commandés par le grand-maître Jean de Lastic, originaire d'Auvergne, qui répondit noblement à l'ennemi : « Nous tenons Rhodes de Dieu et de notre épée, et nous ne la rendrons pas. » En 1470, nous les voyons aller au secours des Vénitiens attaqués dans l'île d'Eubée, et détruire la flotte des Turcs.

Mais une des pages les plus glorieuses de l'histoire de l'Ordre, est la mémorable défense de l'île par le frère Pierre d'Aubusson. Ce grand-maître, prévoyant que Mahomet II allait déployer toutes ses forces contre cette ville qui seule résistait à sa puissance, résolut généreusement de tenir tête à l'orage. Il convoqua à Rhodes tous les chevaliers de l'Ordre, et dans une allocution chaleureuse, comme savent les faire les héros, il fit un suprême appel à leur courage et à leur foi. Les chevaliers tressaillirent aux accents de cette éloquence guerrière, et jurèrent de répandre jusqu'à la dernière goutte de leur sang pour la défense de la religion. De nouveaux ouvrages furent construits; le port fut fermé par une forte chaîne de fer, et on prépara sur tous les points la plus énergique résistance.

La grande flotte des Ottomans parut devant l'île au mois de mai 1480, avec cent mille hommes de débarquement. Elle était commandée, à la honte de la nation grecque, par un rénégat de la dernière dynastie des empereurs de Constantinople. Tous les moyens pour réduire la place furent vainement employés : l'ennemi fut partout victorieusement repoussé. Quelques frères découragés parlèrent de se rendre ; il suffit de quelques paroles d'Aubusson pour les faire rentrer en eux-mêmes. Honteux de cette faiblesse, ils promirent de la laver dans leur sang ou dans celui des infidèles, et ils tinrent parole.

Cependant la ville fut sur le point de tomber au pouvoir de l'ennemi dans un moment de surprise : les Turcs commençaient à arborer le Croissant sur les remparts qu'ils avaient escaladés en silence, à la faveur de la nuit. C'en était fait de Rhodes. D'Aubusson, averti du danger, fait déployer le grand étendard, et dit à ceux qui l'entourent : Allons combattre pour la foi et la défense de Rhodes, ou bien nous ensevelir sous ses ruines ; et il s'avance avec intrépidité contre les Turcs déjà maîtres du rempart : deux fois il est renversé, et deux fois il se relève : douze janissaires s'attachent uniquement à lui pour le faire tomber sous leurs coups; il reçoit cinq grandes blessures. Les frères le conjurent de se retirer de la mêlée: Mourons ici, leur dit-il, plutôt que de reculer. Son exemple ranime le courage des siens; les Turcs cèdent de toutes parts, et leurs phalanges effrayées regagnent honteusement les vaisseaux.

La joie des assiégés en voyant la retraite des ennemis fut grande. Le grand-maître alla rendre de solennelles actions de grâces à Dieu dans l'église de St-Jean. Il fit bâtir une chapelle en l'honneur de Notre-Dame-des-Victoires, afin de laisser un monument de sa reconnaissance pour Celle à qui il se croyait redevable de son triomphe. Il n'en existe plus aujourd'hui que des ruines.

Quarante-deux ans après ce siége mémorable, Rhodes eut à soutenir une nouvelle lutte contre une armée bien plus nombreuse encore. La valeur des assiégés fut la même; mais cette fois le succès trahit leur courage. Le 26 juin 1522, une flotte de quatre cents voiles débarqua sur la plage deux cent mille musulmans commandés par Soliman. L'Ordre n'avait à opposer à cette nuée d'ennemis que six cents chevaliers, près de cinq mille soldats et quelques milices recrutées parmi les habitants de l'île. Mais cette poignée de braves avait à sa tête un chef digne d'elle, le grand-maître Philippe-de-Villiers-de-l'Isle-Adam.

C'est un des spectacles les plus émouvants de l'histoire, que celui de ce petit nombre de guerriers intrépides, serrés autour de l'étendard de la croix, et isolés dans leur île, comme sur un vaisseau, au milieu d'une mer ennemie, abandonnés par l'ingratitude des puissances européennes, enfermés dans leur ville par une armée innombrable, se défendant avec calme et résignation, et demandant à Dieu et à leur épée ce secours que leur refuse l'Europe chrétienne. Pourquoi faut-il qu'il y ait eu un traître parmi ces héros?

Le découragement commençait à saisir Soliman, lorsqu'un chevalier félon, le portugais Amaral, informa le chef musulman, que la ville était réduite à la dernière extrémité, et qu'à peine lui restait-il quelques centaines de chevaliers capables de porter les armes. La lutte recommença avec une nouvelle vigueur. Le grand-maître, courant sans cesse d'une brèche à l'autre, repoussant partout l'ennemi, était décidé à s'ensevelir sous les ruines de Rhodes. Cependant, voyant tomber autour de lui ses plus fermes soutiens, et touché du sort qui menaçait les habitants si la ville était prise d'assaut, il consentit à écouter les propositions de Soliman. La capitulation portait que les églises de Rhodes ne seraient point profanées, que les catholiques de l'île conserveraient le libre exercice de leur culte, que le peuple serait exempt d'impôts pendant cinq ans; que les chevaliers pourraient emporter avec eux les reliques des saints, les vases sacrés, leurs titres et tous les canons dont ils auraient besoin pour armer leurs galères.

Cette capitulation était honorable à la fois pour les vainqueurs et pour les vaincus. Mais les Turcs de cette époque se faisaient un jeu de la foi des traités. Ils pénétrèrent dans la ville, pillèrent les maisons, profanèrent les choses saintes et déshonorèrent leur victoire par d'horribles excès. L'église de St-Jean, convertie en mosquée, perpétue encore aujourd'hui, comme une flétrissure pour les Turcs, ce mépris de la foi jurée, et cette odieuse violation des serments.

On connaît la belle parole de Soliman, ému à l'aspect de l'infortune du grand-maître : « Je regrette de forcer ce vieillard à quitter sa demeure. » Cet héroïque vieillard partit le dernier de cette cité qu'il avait si vaillamment défendue. Sur son vaisseau, flottait un étendard représentant Notre-Dame-de-Pitié, avec cette inscription touchante : *Afflictis spes unica rebus*. Cette unique espérance des malheureux ne devait pas les délaisser. Bientôt le drapeau des chevaliers fut planté sur l'île de Malte, et le sang des héros tombés sur les murs de Rhodes fit germer de nouvelles légions de guerriers qui surent venger noblement la mort de leurs frères.

Le siége de la ville avait duré six mois et coûté près de cent mille hommes aux Musulmans.

Nous descendons à terre pour aller visiter cette ville qui rappelle de si grands souvenirs. Voici à notre droite, à l'entrée du port, sur une longue jetée qui s'avance dans la mer, la belle tour St-Nicolas, qui porte la date de 1464. Elle a été témoin de l'héroïque résistance des chevaliers pendant les deux siéges, et à soutenu bien des assauts. Elle est flanquée de tourelles à ses angles, et sa partie supérieure est surmontée d'un tourillon en forme de vedette, d'où la sentinelle devait signaler l'approche de l'ennemi. L'architecture en est imposante et semble respirer la noble fierté des chevaliers. Elle est couronnée de machicoulis, et on voit encore sur ses flancs les armes des chevaliers avec la croix.

Les remparts qui se dressent devant nous sont parfaitement conservés ; ils ont encore leurs bastions, leurs créneaux et leurs fossés. Nous voyons entassés à leur pied les vieux boulets de pierre des chevaliers qui servirent au dernier siége. Quelques arbres, plantés le long du rivage, ombragent le quai et abritent des cafés turcs fréquentés par les marins.

Nous franchissons la porte de la ville qui s'ouvre sur le port. Elle est gardée par quelques soldats déguenillés et mal armés. Il suffirait de l'ombre d'un chevalier pour les mettre en fuite. Leur unique occupation est de fumer le narghileh qu'ils manient bien mieux que le fusil, et de fermer, tous les vendredis, à midi précis, les portes de Rhodes, comme à Jérusalem, pour empêcher, disent-ils, l'invasion d'une armée d'infidèles qui doit un jour s'emparer à cette heure de la ville. L'ennemi peut s'avancer en toute sécurité; ce n'est pas une semblable garde qui pourra arrêter sa marche et protéger la ville. La porte est ogivale et surmontée d'une tourelle: sa masse imposante lui donne l'aspect d'une forteresse.

Nous rencontrons à notre gauche, avant d'entrer dans la rue des chevaliers, une vaste construction en ruines; c'est l'ancien hôpital de l'Ordre. On y voyait encore, il y a quelques années, deux belles portes en sycomore, admirablement sculptées. Elles ont été emportées en 1836 par le prince de Joinville, comme un précieux débris de notre ancienne gloire, et aujourd'hui elles sont placées au Musée de Versailles. Il appartenait à la France de recueillir cet héritage d'un Ordre dans le sein duquel elle comptait un si grand nombre de ses enfants.

La belle rue des chevaliers conserve sa forme primitive et n'a subi sous la domination turque aucun changement. Elle est pavée de cailloux noirs et blancs disposés symétriquement, en forme de mosaïque, et, exemple unique en Orient, garnie de trottoirs. Elle est triste, silencieuse, déserte, et l'on dirait qu'elle attend ses anciens hôtes. Les portes sont closes comme lorsque les chevaliers partaient pour quelque aventureuse expédition, et chacun d'eux retrouverait encore sa demeure telle qu'il la laissa. Les maisons présentent le même aspect qu'autrefois, et la main des nouveaux maîtres les a respectées. Les écussons sculptés surmontent encore les portes. Il en est sur lesquels nous distinguons les fleurs de lis de France avec cette légende : *Voluntas Dei*, et sur les côtés, ce vieux cri de guerre de nos pères : *Monjoie Sainct Denis*. Bien de nobles familles de la la langue de France, d'Auvergne et de Provence peuvent y retrouver leur blason et les plus belles pages de leur histoire.

L'architecture de ces habitations présente les caractères du XVe siècle ; c'est l'élégance unie à la force. Des pignons aigus surmontent le faîte : une ogive légère encadre les portes et les fenêtres. Des gargouilles fantastiques, comme dans nos édifices du moyen âge, se détachent du toit et se prolongent sur la rue. Quelquefois deux tourelles en encorbellement flanquent les deux extrémités des maisons : ce doit être la marque distinctive des prieurés. Parfois, plusieurs écussons sont fraternellement réunis sur la même façade, comme souvenir des chevaliers qui se sont succédé sous le même toit. Tout est encore comme au temps du grand-maître d'Aubusson, et l'illusion est telle qu'il semble que les chevaliers vont sortir de leurs manoirs, armés de toutes pièces.

On ne peut parcourir cette rue, et se rappeler ces souvenirs de gloire qui y sont attachés, sans éprouver un sentiment d'admiration et de regret pour cette héroïque milice qui, longtemps après que les rois et les peuples eurent abandonné les croisades, continua seule la lutte contre la puissance ottomane, et fournit les derniers soldats de la croix. Les chevaliers français y occupent la plus grande place ; leurs noms sont associés aux plus glorieuses époques de l'Ordre, et c'est à la langue de France qu'appartiennent les plus grands maîtres. Les Clermont-Tonnerre, Hélion de Villeneuve, Déodat de Gozon, vainqueur du dragon, Eméric d'Amboise, Roger du Pin, Jean de Lastic, de La Rivière, de Régis de St-Simon, de Julliac, ont glorieusement inscrit leurs noms sur la plupart des monuments de Rhodes, et l'on peut dire que les superbes écussons de la rue des chevaliers sont comme le livre d'or de la noblesse française.

Un grand arc ogival, qui s'ouvre à l'extrémité de la rue que nous venons de parcourir, indique le palais du grand-maître. On dirait une citadelle en voyant cette vaste construction entourée de fossés et flanquée de tours. La rue des chevaliers lui formait comme une magnifique avenue. L'indolence des Turcs le laisse tomber en ruines.

Nous faisons une visite au gouverneur, afin d'obtenir l'autorisation de visiter l'ancienne église de St-Jean transformée en mosquée. Le chef turc accueille avec assez de courtoisie notre demande, et nous donne un de ses officiers pour nous accompagner. Les portes de la mosquée s'ouvrent devant les *giaours*, et nous pénétrons dans son enceinte, sans qu'on nous oblige à quitter notre chaussure. Que ce monument est triste et désolé, avec cette profanation que lui a infligée le fanatisme musulman, et comme il semble protester contre cette usurpation sacrilége ! Il est à trois nefs supportées par des colonnes de granit que surmontent des chapiteaux de différents styles, restes de quelque ancien temple. L'architecture en est ogivale. La voûte est peinte en bleu, et sur ce fond d'azur se détachent des étoiles d'or. Il existe encore deux vitraux qui ont échappé à la dévastation des Turcs. L'église fut commencée en 1310, sur un plan dressé par un architecte florentin, nommé Arnulfe. Peut-être est-ce le même qui a bâti la magnifique église de Florence, *Santa Maria dei Fiori ?* On voit, le long des murs et sur les colonnes, les écussons des grands-maîtres qui ont contribué à la décoration du monument. Un grand nombre de tombes sont encastrées dans le dallage de l'édifice. L'image des chevaliers est gravée au trait sur la pierre sépulcrale, et on peut lire encore les inscriptions qui l'entourent.

J'aurais désiré pouvoir visiter, dans l'ancienne église de Ste-Catherine, la tombe de Marie des Baux, femme de Humbert II, Dauphin du Viennois, morte au XIVe siècle, dans le couvent de cette ville. Elle appartenait à cette noble famille des comtes des Baux qui avait son siége dans la petite ville de ce nom, dont on voit les belles ruines sur les hauteurs qui dominent la plaine d'Arles. J'avais souvent visité, sur le pittoresque rocher des Baux, son antique château et l'église où elle avait prié; et j'aurais voulu m'agenouiller sur la tombe où elle repose si loin du vieux manoir de ses pères.

Il nous faut également renoncer à faire le tour des remparts, à suivre cette belle ligne de fortifications si héroïquement défendues par les chevaliers, et à visiter le couvent de l'Ordre avec son grand cloître, converti aujourd'hui en hôpital. Le soleil est sur le point de se coucher, et les Turcs vont fermer les portes de la ville. Nous descendons par la rue des chevaliers, jetant un dernier regard sur ces façades ornées de sculptures avec les croisées en pierre, représentant exactement une croix; sur ces écussons, ces fleurs de lis, ces devises, ces emblèmes de tout genre qui font de cette rue un superbe musée de chevalerie. C'est à regret que nous nous arrachons à tous ces souvenirs. Nous emportons au fond de notre cœur un désir ; c'est que la France, qui a donné à Rhodes ses plus généreux défenseurs et ses plus célèbres grands-maîtres, puisse un jour recueillir leur héritage, relever sur cette terre, à l'ombre de son drapeau, cette croix que les chevaliers avaient si noblement défendue pendant plus de deux siècles. Elle soutient aujourd'hui en Orient cette grande cause chrétienne pour laquelle les guerriers de l'Ordre avaient versé leur sang sur tant de champs de bataille : Pourquoi son puissant patronage ne s'étendrait-il pas sur cette plage qui redit encore sa gloire? Les Turcs semblent le redouter, et c'est pour cela qu'ils ne permettent pas aux Francs de s'établir dans l'intérieur de la ville. Leurs habitations, comme celles des consuls, sont situées dans les faubourgs.

Nous rejoignons le *Mentor*, et du haut du pont nous cherchons à saisir l'ensemble de cette ville dont nous n'avons entrevu, dans une trop rapide visite, que les principaux quartiers. Elle s'étend devant nous sur une surface plane, puis s'élève en pente douce sur le versant d'une colline. Elle s'élargit à droite et à gauche sur la plage, présentant sur toutes ses faces ses terribles bastions et sa magnifique ceinture de remparts, l'un des plus remarquables monuments de l'architecture militaire du XIVe et du XVe siècle.

Nous cherchons la place où devait s'élever le célèbre Colosse de Rhodes, l'une des sept merveilles du monde, chef-d'œuvre de Charès, disciple de Lysippe, qui avait plus de cent pieds de haut, et qui donnait passage entre ses jambes aux plus grands navires. On nous dit, ce qui paraît peu probable, qu'il était placé à l'entrée du port qui est à notre droite, et qui sert aujourd'hui de chantier pour les réparations des navires.

La ville de Rhodes renferme près de six mille Turcs, et un millier de Juifs. Ceux-ci, chassés de l'île par Pierre d'Aubusson, parce qu'ils étaient accusés de trahison, sont revenus après la conquête des Musulmans, dont ils se sont faits les instruments trop dociles. La population franque s'élève à 120 personnes. Le service religieux de cette petite paroisse qui porte le nom de Ste-Marie-de-la-

Victoire, est confié à deux religieux Franciscains. L'île, sous la domination des chevaliers, comptait, dit-on, près de trois cent mille habitants. Elle était admirablement cultivée, et ses vignobles produisaient un vin renommé. Aujourd'hui, le commerce est presqu'éteint ; l'agriculture languit, et la population écrasée par les impôts ne dépasse pas vingt-sept mille habitants. Ce chiffre seul suffit pour faire comprendre les effets désastreux qu'a partout produits l'administration turque.

Le soleil commence à disparaître à l'horizon, lorsque nous levons l'ancre. L'ombre enveloppe peu à peu la plage et les remparts. Les palmiers, les tours, les collines s'effacent lentement à mesure que le *Mentor* s'éloigne, et bientôt tout est enseveli dans une égale obscurité.

En quittant Rhodes, nous nous engageons à travers les îles nombreuses de l'Archipel, semées sur cette mer Egée comme les brillants anneaux d'une chaîne qui semble flotter entre la Grèce et l'Asie. Voici les Sporades dispersées, comme l'indique leur nom, sur les côtes de la Doride et de la Carie. Elles sont pleines de souvenirs illustres, et chacune d'elles semble nous jeter en passant le nom d'un homme célèbre ou d'un poëte. Laissant à notre droite Gnide avec ses souvenirs profanes, nous doublons Cos, la patrie d'Hippocrate, *le père et le conservateur de la santé*, et du peintre Apelle. Presqu'en face, sur la côte, est Halicarnasse, séjour des rois de Carie, qui fut témoin de l'inconsolable douleur d'Artémise, et qui donna le jour à Hérodote, le père de l'histoire. Plus loin, c'est Milet, puissante colonie grecque, qui nous rappelle les touchants adieux de Saint Paul aux chrétiens qu'il avait convertis à la foi ; car, sur cette côte, le sacré se mêle au profane, et l'Évangile se rencontre avec les souvenirs mythologiques.

Le dimanche 23 octobre, nous disons la messe en face de Patmos, l'île des mystérieuses visions de l'Apocalypse. Le lieu est bien choisi pour le saint sacrifice, et le souvenir de Saint Jean plane sur cette scène, comme un reflet des merveilleuses visions du saint Apôtre. L'histoire ne se serait jamais occupée de ce rocher perdu au milieu des flots, si le disciple bien-aimé ne l'avait consacré par son exil et ses révélations. Sur le sommet d'une montagne aride et rocheuse s'élève, à notre gauche, la ville de Patmos qui doit sa naissance au monastère de Saint Jean, lequel à son tour doit la sienne au séjour de l'apôtre persécuté. Il y a une école hellénique qui a joui, pendant longtemps, dans toutes les îles de l'Archipel, d'une réputation méritée. On montre près du couvent la grotte de l'Apocalypse transformée en chapelle ; elle a treize pieds de long sur quatre de large, et est l'objet d'une grande vénération. La légende s'est emparée du nom de l'apôtre exilé, et le récit de Prochore, *Prochori narratio de rebus gestis Sancti Joannis*, sème les miracles sur ses pas, et lui attribue les plus étonnantes merveilles. Le souvenir de Saint Jean a protégé ce rocher contre l'invasion musulmane. Aucun Mahométan n'y a jamais fixé son séjour, et la voix des cloches, qui retentit au sommet de la montagne, annonce que le christianisme règne seul dans cette île. Aussi Patmos, dont le nom est demeuré inconnu dans l'antiquité, offre au voyageur chrétien un bien plus grand intérêt que toutes ces îles chantées par les poëtes. C'est là, dans les profondeurs de cette grotte et l'éblouissement de ses pensées, que l'apôtre bien-aimé contempla ces mystérieuses visions; c'est de là qu'il engageait les sept églises d'Asie à conserver fidelement le dépôt de la foi ; c'est de ce rocher, où l'avait relégué Domitien, qu'il voyait s'amasser ces terribles orages de la colère divine qui allaient bientôt éclater sur la tête de Rome, et venger le sang des martyrs. C'est en face de cette île, qu'il faut lire les premiers chapitres de l'Apocalypse. L'aspect de ces lieux ajoute quelque chose de saisissant à ces pages sacrées, et l'on dirait que le côté mystérieux des révélations de Saint Jean se reflète sur cette aride et majestueuse montagne de Patmos.

En face, s'élève Samos, célèbre par le culte de Junon, patrie de Pythagore, où Hérodote écrivit les premiers livres de son histoire, où Anacréon chanta, à la cour de Polycrate, les joies et les plaisirs de la vie. Quel contraste frappant ! D'un côté, c'est le paganisme avec ses fictions brillantes et les accents profanes de sa poésie : de l'autre, c'est le christianisme avec ses austères enseignements. On dirait que deux voix opposées s'élèvent du sein de ces deux îles : l'une, qui vient de Samos, pleine d'une grâce séduisante et d'une molle langueur, redit les chants passionnés d'Anacréon, et jette dans les cœurs une fatale ivresse ; l'autre, qu'apportent les échos de la grotte de Patmos, plus grave et plus mâle, pénètre jusqu'aux dernières profondeurs de l'âme étonnée et fait entendre des accents jusqu'alors inconnus, qui maudissent les plaisirs et consacrent la souffrance. Ces deux voix semblent se répondre et opposer, dans un dialogue sublime, la douleur au plaisir, les larmes à la joie, la sévère morale de l'Évangile à la morale facile du culte païen. Ce contraste me rappelle la saisissante poésie de M. Jules Canonge : *Chrétienne et Païenne.* J'aime à la redire, en face de Patmos la chrétienne, et de Samos illustrée par les souvenirs du paganisme. Comme ces deux îles, les beaux vers du poëte respirent les généreuses ardeurs du christianisme naissant et les tristes défaillances du monde païen, et nous pouvons dire ici avec lui :

Ainsi se répondaient par d'éloquentes voix
Le passé, l'avenir, deux mondes et deux fois.

Samos était autrefois couronnée de superbes forêts ; sa fécondité était merveilleuse ; les figuiers et les vignes entremêlaient leur verdure sur ses côteaux ; les pommiers et les rosiers se couvraient deux fois l'an de fleurs et de feuilles ; les poëtes chantaient à l'envi cette *mamelle toute gonflée d'une humidité nourricière*. Aujourd'hui l'île a perdu ses frais ombrages et sa fertilité première ; les montagnes sont déboisées ; les sources ont tari, et le sol est redevenu inculte comme tout ce qui est soumis à la domination turque.

Nous laissons à notre gauche le groupe des Cyclades, dont les poëtes ont redit les noms harmonieux et les souvenirs mythologiques : Naxos, qui montre les ruines du temple de Bacchus ; Délos, berceau de Diane et d'Apollon ; Paros, qui renferme dans ses entrailles ce marbre précieux qui respirait sous le ciseau des artistes. Les riches carrières d'où sont sortis tant de chefs-d'œuvre sont abandonnées, depuis que l'île est soumise au Sultan. Que pourrait en faire un pouvoir qui n'a su que détruire les monuments de l'antiquité ? La plupart de ces îles, autrefois si riantes et si fertiles, sont aujourd'hui semblables à des fleurs desséchées qui ont perdu leur éclat.

Nous côtoyons Scio, cette reine des Sporades, qu'Homère avait proclamée *la plus brillante et la plus riche des îles de la mer*. Lorsque le vicomte de Marcellus la visita en 1820, elle lui apparut sous les aspects les plus riants et les plus enchanteurs. Ses côteaux étaient couverts de riches vignobles; des jardins d'orangers se déployaient le long du rivage, et la population heureuse et tranquille, autant qu'on peut l'être sous le gouvernement turc, jouissait en paix de ces biens que lui prodiguait une terre féconde. Mais à l'époque de la guerre de l'indépendance, les habitants de Scio entendirent le cri de liberté poussé par leurs frères de Morée. Ils prirent les armes, et se soulevèrent contre la domination étrangère; ils furent vaincus dans une lutte inégale, et leurs implacables vainqueurs déshonorèrent leur triomphe par des excès qui ajoutent une flétrissure de plus à celles que l'odieux et exécrable gouvernement des pachas a amassées dans l'histoire. Les Turcs promenèrent le fer et l'incendie d'une extrémité de l'île à l'autre, renversant les maisons, saccageant les jardins, massacrant les habitants, égorgeant les enfants comme les vieillards, chargeant de fers les femmes et les jeunes filles, les vendant comme esclaves pour la servitude flétrissante du harem, et ne laissant sous leurs pas que du sang et des ruines. On sait avec quelle vérité saisissante un grand peintre moderne, M. Delacroix, a reproduit cette scène tragique dans cette belle toile, connue sous le nom de : *Massacre de Scio*.

Scio dispute à Smyrne et à cinq autres villes la gloire d'avoir donné le jour à Homère. On montre encore dans un frais vallon, près d'une source limpide, des ruines informes auxquelles la tradition donne le nom d'Ecole d'Homère. Le souvenir de ce grand génie remplit tous ces lieux et fait planer sur ces rivages une sorte de consécration poétique.

Nous entrons dans la magnifique rade de Smyrne, qui forme comme une superbe avenue à cette grande ville de l'Orient. Elle se prolonge dans l'intérieur des terres comme un vaste lac, présentant du côté du nord une plage basse et aride, et du côté du midi une chaîne de montagnes boisées. Sur les dernières ondulations, qui viennent se baigner dans le golfe, apparaissent çà et là quelques charmants villages à demi-cachés sous la verdure. En voyant la fraîcheur et les ombrages de cette rive, on dirait un paysage suisse égaré sous ce ciel brûlant. Sur le fond du tableau se détache Smyrne avec ses maisons groupées le long du rivage et échelonnées sur les flancs de la montagne qui domine la ville. Un vieux château garde l'entrée du port. Des vaisseaux marchands de toutes les nations viennent charger sur cette côte les produits de l'Asie, qu'apportent de l'intérieur de longues files de chameaux. Quelques navires de guerre des marines européennes sont au mouillage pour protéger le commerce. A côté de deux bricks français flotte le pavillon d'un navire hollandais : plus loin une frégate autrichienne stationne fièrement, et semble demander compte aux réfugiés italiens des lâches assassinats qu'ils ont commis naguère sur quelques-uns de ses marins. Aussitôt que le *Mentor* a jeté l'ancre, de légers kaïks montés par des Grecs se disputent les passagers et nous déposent à terre.

XIII

Smyrne. — Origine de cette ville. — Homère et Saint Polycarpe. — Sœurs de la charité. — Hôpital français. — Les Lazaristes. — Couvent des Méchitaristes. — Collége de la Propagande. — Conférence de St-Vincent-de-Paul. — Les protestants à Smyrne. — Mont Pagus. — Cimetières turcs. — L'Église de France et l'Église de Smyrne.

Une tradition attribue l'origine de Smyrne à Alexandre-le-Grand qui, dans une de ses chasses, charmé par la beauté du site, ordonna d'y bâtir une ville. Cependant, s'il faut en croire Strabon, elle aurait une origine bien plus ancienne. Son histoire se rattache à celle des Grecs, des Romains et des Mahométans, ses alliés ou ses maîtres. Au temps d'Auguste, elle était d'une rare magnificence. Elle possédait de superbes portiques, une bibliothèque publique, un amphithéâtre, des temples somptueux, et elle devait à la beauté de son site et de ses monuments le nom qu'elle portait, *couronne de l'Ionie*. De toutes ces magnificences, il ne reste plus que quelques ruines informes.

Mais il y a deux grands souvenirs, l'un sacré, l'autre profane, qui consacrent cette cité : c'est d'un côté celui d'Homère et de l'autre, celui de Saint Polycarpe, son évêque martyr.

On nous montre, à l'extrémité de la ville, au célèbre pont des caravanes, sur les bords ombragés du poétique Mélès, le lieu où ce grand poëte reçut le jour. Nous saluons avec respect son berceau, en redisant son nom. La ville lui avait autrefois, dans sa religieuse admiration, dressé un temple superbe avec une statue de marbre. Il n'en reste plus aujourd'hui de vestiges. Mais ces champs, ces rives, ces eaux, témoins de ses premières inspirations, sont encore là, et semblent répéter ses chants.

On connaît cette admirable page des Actes des Martyrs, qui raconte l'interrogatoire et le supplice de Saint Polycarpe, évêque de Smyrne. Quelle sublime réponse que celle du saint vieillard au proconsul, qui l'engageait à dire des injures au Christ! « Il y a quatre-vingt-six ans que je le sers, et il ne m'a jamais fait de mal. Eh! comment pourrais-je dire des injures à mon roi qui m'a sauvé? » Le saint fut condamné à être brûlé. On voulait l'attacher au poteau. « Laissez-moi ainsi, dit-il : Celui qui me donne de supporter le feu, me donnera aussi de rester ferme sur le bûcher. » Les flammes s'élevèrent et se déployèrent autour de la tête du martyr, comme une voile de vaisseau enflée par le vent. Il ressemblait, continuent les Actes du saint, à de l'or ou à de l'argent éprouvé au creuset, et il exhalait comme une odeur d'encens et de parfum qui se répandit dans tout l'amphithéâtre. Nous recueillîmes ses ossements, ajoutent les témoins de son martyre, plus précieux que l'or et les pierreries, et nous les mîmes dans un lieu convenable où, avec la grâce de Dieu, nous nous réunissons pour célébrer la fête de son martyre, afin de nous rappeler le souvenir de ceux qui ont combattu avant nous et de nous animer nous-mêmes aux combats que nous réserve l'avenir.

Pour sentir la beauté chrétienne de cette scène, il faut gravir le mont Pagus, aller s'asseoir sur les ruines de l'amphithéâtre qui couronne cette hauteur, et lire les Actes du martyre du saint évêque, en présence de ces pierres qui furent témoins de son glorieux combat.

La ville de Smyrne présente deux physionomies bien distinctes. La partie qui est dans la plaine et qui s'étend le long de la mer, a quelque chose d'européen. C'est le quartier du commerce, habité par les Francs, les Grecs et les Arméniens, le centre du mouvement et de l'activité. La partie qui est étagée sur les pentes du mont Pagus est occupée par les Turcs. On le reconnait aisément au silence de ces rues désertes et à ces maisons presque sans ouvertures, qui demeurent closes aux regards des passants. La ville renferme cent-soixante mille habitants. Il y a quatre-vingt mille Turcs, soixante mille Grecs et Arméniens et vingt mille Francs. L'intérieur est percé de rues étroites et tortueuses. Il en est une, dans le quartier franc, qu'on appelle la rue des Roses, et qui doit son nom aux rosiers qui ornent les fenêtres des maisons, ou peut-être aux brillantes toilettes qui s'y donnent rendez-vous. Nous y voyons en vérité peu de roses, et ce nom, quelle que soit son origine, nous paraît usurpé.

Nous traversons le bazar qui ressemble à tous les bazars de l'Orient, et le guide nous conduit dans un quartier reculé : c'est le marché aux esclaves. Quel triste spectacle ! On nous montre quelques-unes de ces pauvres créatures, faites à l'image de Dieu comme nous, que l'on vend comme un vil troupeau à face humaine. Il y a quelques négresses au front déprimé, au visage aplati, aux longs bras maigres, d'un aspect repoussant, et d'une insensibilité qui fait mal à voir. Mais la figure la plus repoussante est celle d'un ignoble marchand d'esclaves. Quelle face bestiale, et quelle obésité monstrueuse dans cet être en qui ne vit rien d'humain, et qui se fait un jeu de la liberté et de la vie de son semblable ! Quand cessera cet infâme trafic, qui est une honte pour les peuples qui le tolèrent ?

Voici un spectacle d'une autre nature, et qui nous dédommage des pénibles impressions que nous a laissées le marché aux esclaves. Nous visitons l'établissement si intéressant des Sœurs de St-Vincent-de-Paul. Ces bonnes religieuses nous font avec un aimable empressement les honneurs de leur maison. Que d'œuvres admirables écloses au souffle de leur charité! Écoles, orphelinat, dispensaire, hôpital, rien n'y manque.

Nous avons vu dans les écoles un essaim de jeunes filles franques, grecques, arméniennes, qui viennent demander aux Sœurs, avec l'instruction, ces pures et douces vertus qui sont l'ornement de la femme chrétienne. Les plus jeunes nous ont chanté en grec moderne une prière pour les voyageurs, charmante mélodie à laquelle la langue grecque donne une grâce ravissante. L'orphelinat compte quarante jeunes filles qui sont entretenues avec les secours venus de France, et qui vivent aussi quelque peu sur les fonds de la Providence, qui ne fait jamais défaut au dévouement chrétien.

Les Sœurs ont ouvert un brillant pensionnat où elles donnent une éducation toute française aux jeunes demoiselles qui leur sont confiées par les riches familles du haut commerce de Smyrne. C'est notre langue que parlent les pensionnaires; ce sont nos livres qu'elles ont entre les mains; c'est à nos usages qu'elles se forment.

A côté des écoles, les Sœurs ne manquent jamais de créer un hôpital pour les infirmes et les malades. Celui de Smyrne est tenu avec un luxe de propreté qui ravit; et cependant pour suffire à cette œuvre, elles n'ont d'autres ressources que des aumônes. Il est vrai, qu'entre leurs mains les dons de la charité se multiplient comme le vase d'huile de la veuve de Sarepta.

Il y a à Smyrne un autre hôpital qui appartient à la France et qui a été fondé pour recueillir nos marins malades. Or, le voyageur français qui le visite, éprouve quelque chose de plus qu'un sentiment de surprise, en apprenant qu'il est livré à des mains mercenaires. Bien des démarches ont été faites pour y appeler les Sœurs de St-Vincent-de-Paul. Les malades les réclament à leur chevet; les marins de notre flotte font entendre d'énergiques plaintes. Jusqu'ici une administration antinationale a été sourde à leurs cris, et a laissé le soin des pauvres matelots à quelques infirmiers grecs qui les soignent sans intelligence et sans cœur. Des grecs gagés à la place des Sœurs de la charité, dans un hôpital français! c'est une humiliation pour l'honneur national. Que le ministre de la marine accueille ces plaintes, et qu'il chasse tout ce troupeau de mercenaires, depuis les chefs jusqu'aux valets.

J'ai visité cet hospice. Il est tenu avec une incurie et une malpropreté qui accusent la coupable négligence de l'administration. Quel contraste avec celui que dirigent les Sœurs! J'y ai rencontré deux pauvres matelots français qui étaient dans un triste délaissement. L'un était breton, et l'autre de la petite ville d'Agde, dans le midi. Celui-ci était pour moi presqu'un compatriote. Je me suis approché d'eux, et leur ai demandé comment ils se trouvaient des soins qu'ils recevaient dans cet hôpital. « Les soins nous manquent, m'ont-ils répondu. Nous sommes servis par des Grecs qui ne comprennent pas notre langue : nous ne pouvons rien demander ; on ne nous entend pas. La salle est ordinairement déserte, et quand nous voulons un peu de tisane, nous sommes obligés de nous servir nous-mêmes. » Cependant la France fournit des sommes considérables pour l'entretien de cet établissement. Les Sœurs proposent de s'en charger avec un secours beaucoup moins élevé que celui qui est alloué. Il y a profit et économie à accepter leurs propositions ; il y aura surtout des soins dévoués pour les malades, avec les consolations de la religion. Il y a quelque temps qu'un de nos jeunes marins est mort en réclamant vainement un prêtre. Les infirmiers, dans leur insouciance, ont fermé l'oreille à ce désir du pauvre mourant. S'il avait eu à son chevet une Sœur de la charité, le prêtre serait venu consoler son agonie et bénir son dernier soupir.

Les Frères des Écoles chrétiennes exercent sur les trois cents enfants qui fréquentent leurs classes la même influence que les religieuses de St-Vincent-de-Paul sur les jeunes filles. L'instruction qu'ils donnent est à la fois chrétienne et française, et c'est notre langue que commence à parler cette nombreuse jeunesse. Bon nombre d'enfants appartenant à des familles schismatiques, fréquentent cette école, et dépouillent insensiblement leurs préjugés religieux.

Ce sont des prêtres français, les Lazaristes, qui sont à la tête du mouvement catholique de Smyrne, et c'est à eux et à leurs dignes Sœurs, les filles de St-Vincent-de-Paul, qu'on doit attribuer tous les progrès que la foi et la charité font tous les jours dans cette ville. J'ai reçu chez les bons Lazaristes, avec deux de mes compagnons de voyage, les seuls qui soient restés à Smyrne en même temps que moi, une douce et cordiale hospitalité comme celle que j'avais rencontrée au Liban, et le nom du Père Guys a pris place dans mon cœur à côté de celui des Pères Estève et Abougit, qui m'avaient fait si bon accueil à Bicfaïa.

Je désirais vivement, pendant mon séjour à Smyrne, pouvoir faire une excursion dans l'intérieur de l'Asie pour aller visiter les lieux où florissaient les sept églises, d'Éphèse, de Pergame, de Thyatire, de Sardes, de Philadelphie, de Laodicée, avec celle de Smyrne, dont parle Saint Jean dans l'Apocalypse. Mais les routes sont peu sûres et les fatigues très-grandes ; d'ailleurs cette course exigerait un temps plus considérable que celui dont je puis disposer. Il y a dans ce moment aux environs de Smyrne une bande de brigands qui répand la terreur dans la contrée, et qui rançonne impitoyablement tous les voyageurs qui tombent entre ses mains.

Ces bandits accomplissent librement leurs coups de main jusque dans la banlieue, et voilà plus d'un an que les Sœurs de la Charité n'ont pu visiter le jardin qu'elles possèdent aux portes de la ville, parce qu'elles savent qu'elles n'y seraient nullement en sûreté. La police a peur de ces bandes, et le pacha envoie à grand bruit contre elle des troupes qui ne les rencontrent jamais. Il n'y a que les pauvres voyageurs qui aient la chance de les trouver. Or, comme je n'ai nulle envie d'une semblable rencontre, je renonce à mes projets de course et je reste prudemment dans Smyrne. Ce n'est pas sans regret. Les ruines d'Éphèse ne sont qu'à une journée de marche, et elles offrent un si grand intérêt! On y voit encore quelques restes du célèbre temple de Diane, cette merveille de l'Asie, et plus loin quelques pans de murs qui appartiennent, dit-on, à cette belle église Ste-Marie où se tint ce glorieux concile qui vengea avec tant d'éclat, contre les blasphèmes de Nestorius, la divine maternité de Marie.

Je consacre tous les jours quelques heures à visiter les divers établissements religieux que renferme la ville. Un des plus intéressants est le collége des Méchitaristes, ou prêtres Arméniens unis, qui se vouent à l'éducation de leurs coreligionnaires. J'avais vu, dans une île des lagunes de Venise, le beau couvent de St-Lazare qu'habitent les religieux de ce nom. C'est le berceau de la congrégation Méchitariste. La maison de Smyrne est une fille de celle de Venise. Comme à St-Lazare, on y cultive les langues orientales, et l'imprimerie du couvent publie des ouvrages de science, de littérature, d'histoire et de religion à l'usage de la nation Arménienne. Elle concourt à ce mouvement religieux qui est parti d'une petite île de l'Adriatique et qui pénètre jusqu'au fond de l'Orient. La bibliothèque de l'établissement possède quelques ouvrages français, et le religieux, qui me fait les honneurs de la maison, me montre un journal imprimé en Autriche, qui tient les Méchitaristes au courant des nouvelles d'Europe. Il y a vu annoncé le départ d'une caravane française pour la Terre-Sainte, et mon titre de pèlerin me rend l'objet de démonstrations encore plus amicales.

Mais l'établissement le plus important de Smyrne, celui qui, avec les écoles des Sœurs, est appelé à exercer le plus d'influence, c'est le collége de la Propagande. Ce sont des Lazaristes qui le dirigent avec quelques maîtres laïques appartenant à la ville. Il compte cent soixante élèves. Il en est qui viennent des îles voisines, et même de la Grèce. Quelques-uns appartiennent à des familles schismatiques; mais les parents consentent à ce qu'ils reçoivent les leçons de religion avec leurs condisciples catholiques. L'instruction est à peu près la même que dans nos colléges de France. Encore ici, c'est la langue française qui sert de base à l'enseignement, et c'est celle que parlent les élèves comme les maîtres. J'ai visité cette maison avec le plus vif intérêt, et le Supérieur, charmant prêtre breton, actif et intelligent, m'en a fait les honneurs avec une aimable complaisance. Apprenant que j'étais aumônier de lycée, il m'a courtoisement traité comme un collégue, et m'a invité à assister à la fête donnée aux élèves sous les ombrages de la petite maison de campagne de l'établissement ; touchante fête, toute de cœur, à laquelle se mêlent les souvenirs de l'Orient et le doux nom de la France qui a tant de charme sur la terre étrangère!

Cet accueil si fraternel des maîtres m'attire une proposition que je ne puis décliner. Pour utiliser mes loisirs, on veut me faire prêcher une courte retraite aux élèves; et me voilà leur donnant deux fois par jour une instruction simple et familière. J'essaie ainsi d'acquitter, d'une manière bien incomplète il est vrai, la dette de l'hospitalité. Prêcher en français, dans une ville orientale, à de jeunes élèves qui appartiennent pour la plupart à des familles grecques; emprunter la même langue et les mêmes idées qu'on aurait développées devant l'auditoire de nos colléges; rencontrer au sein de cette jeunesse une attention sympathique, c'est là, pour le prêtre pèlerin, un bien doux souvenir de Smyrne.

Les Lazaristes desservent l'église du Sacré-Cœur, qui sert de paroisse à la population franque. Elle est fréquentée par la partie la plus instruite des habitants de Smyrne, et les prédications s'y font en français. Il y a deux autres églises paroissiales: celle de St-Polycarpe, confiée aux Capucins, et celle de Ste-Marie, dont le service est fait par les Récollets.

Smyrne possède une Conférence de St-

Vincent-de-Paul, établie sous le patronage des Lazaristes. Elle donne la main à celles de Beyrouth et de Constantinople, et accomplit avec ardeur cet apostolat des bonnes œuvres, qui rencontre un si vaste théâtre dans les villes de l'Orient. Le président, M. Guys, est un respectable vieillard qui semble rajeunir dans ce ministère de la charité. Un autre membre, qui porte le même nom, m'a laissé le souvenir d'une aimable obligeance, et est venu souvent charmer mes soirées par une causerie spirituelle et pleine d'intérêt sur les antiquités de Smyrne et d'Éphèse.

L'Église grecque schismatique de Smyrne est, comme partout, sur la pente d'une décadence sensible. Le clergé croupit dans l'ignorance et la plus apathique inertie. Jamais de prédications; aucune instruction religieuse donnée à l'enfance; point de première communion pour fortifier le cœur du jeune adolescent contre les passions naissantes. Il n'existe aucun respect pour les sacrements : les popes, faciles et indulgents, ne refusent jamais l'absolution. Aussi les pratiques du culte dégénèrent en un vain formalisme qui n'atteint jamais le cœur, et qui n'exerce aucune influence morale.

Les sectes protestantes s'agitent dans cette ville comme sur les autres parties de l'Asie, et font grand bruit de quelques conquêtes douteuses qu'elles enregistrent sur le tableau de leurs conversions. Il y a des ministres américains et des calvinistes qui fraternisent et font leur service religieux dans le même oratoire. Les anglicans les repoussent et n'acceptent point la solidarité de leur culte. Des diaconesses venues de Berlin ont fondé un élégant petit hôpital qu'elles dirigent. C'est une fausse imitation des Sœurs de St-Vincent-de-Paul, qui demeure frappée d'impuissance, comme toute contrefaçon. Il y a aussi des écoles protestantes qui s'efforcent de rivaliser avec celles des catholiques, et qui recrutent çà et là, par d'engageantes promesses, quelques pauvres enfants. On le voit, le protestantisme s'est établi au cœur de la cité de Saint Polycarpe, avec son esprit de prosélytisme et tous ses moyens d'action. Il s'y montre actif, remuant jusqu'à l'intrigue. Espérons que sa propagande sera, comme partout, paralysée par les œuvres catholiques.

J'ai fait une ascension pleine d'intérêt sur le mont Pagus qui commande la ville. J'ai rencontré sur mes pas le palais du pacha, qui ressemble à une prison, et une vaste caserne bâtie sur le modèle de celles de France : les troupes manœuvrent dans la cour, comme nos soldats, mais avec beaucoup moins d'ensemble et de prestesse. Les flancs de la montagne que je gravis, sont parsemés de débris de marbre antique. C'est sur ce versant que devait s'élever l'ancienne ville. Je suis, pendant quelque temps, une superbe voie romaine pavée de larges dalles sur lesquelles on reconnaît l'empreinte des roues des chars. L'amphithéâtre où Saint Polycarpe reçut la palme du martyre est sur cette hauteur et domine la rade. Il n'en reste que des ruines. Plus loin, sur le point culminant de la montagne, s'élève un château fort, démantelé, qui sert de repaire aux brigands.

De ce point élevé on jouit d'un magnifique panorama. La ville est mollement couchée à nos pieds au milieu de ses jardins d'orangers. Plus loin, est le délicieux vallon de Bournaba, où les riches négociants de Smyrne possèdent d'élégantes maisons de campagne. Du côté du couchant, la belle rade, sillonnée de nombreux navires, fuit au loin entre ses deux rives, et ressemble au cours sinueux d'un grand fleuve. Ce large paysage, encadré de hautes montagnes qui s'entrouvrent pour laisser aux regards quelques perspectives fuyantes, justifie le nom que porte la ville de Smyrne dans la langue italienne, *il fiore del Levante*, la fleur du Levant.

Je longe, en descendant du mont Pagus, plusieurs cimetières turcs, qui respirent une magnificence pleine de mélancolie. De superbes cyprès, les plus beaux que j'aie vus, élèvent leur tête immobile au-dessus de ces demeures des morts. Des tables de marbre blanc, chargées d'inscriptions en lettres d'or empruntées au Koran, recouvrent les tombes; des fleurs croissent autour, et ces lieux fastueusement embellis deviennent la promenade privilégiée des Musulmans. La visite du champ des morts a bien sa philosophie; mais on ne la rencontre que dans un cimetière chrétien. Les tombeaux musulmans, à l'ombre des grands cyprès, peuvent inspirer la rêverie, mais jamais une pensée religieuse. J'aime mieux la modeste tombe de nos cimetières surmontée d'une croix.

En visitant Smyrne, ma pensée se reporte

sur cette pieuse colonie à la tête de laquelle étaient Saint Pothin et Saint Irénée, que Saint Polycarpe envoya porter la foi dans les Gaules. C'est à leurs frères de Smyrne que les chrétiens de Lyon et de Vienne adressaient cette admirable lettre, un des plus beaux monuments de l'histoire de l'Église gallicane, dans laquelle ils racontent les combats et les victoires des martyrs. La France, dans sa reconnaissance, rend noblement à Smyrne le bienfait qu'elle en avait reçu. Elle lui envoie ses religieuses et ses missionnaires pour instruire ses enfants, soigner ses malades, et raviver par la prédication la foi aux mêmes lieux d'où nous vint sa lumière. Si nous avions autrefois beaucoup reçu de l'Orient, nous acquittons aujourd'hui notre dette avec une généreuse munificence, et la part de Smyrne n'est pas la moins belle.

Je cède maintenant la plume à mon compagnon de voyage, M. Domergue. Plus heureux que moi, il a pu visiter Constantinople et Athènes. Je lui laisse le soin de décrire ces deux villes. J'accepte avec joie le concours qu'il veut bien me prêter pour compléter mon Journal de voyage en Orient, et faire de ce récit l'œuvre commune de l'amitié.

XIV

Départ de Smyrne. — Troie. — La flotte anglo-française à Besika. — Abydos et Sestos. — Gallipoli. — La mer de Marmara. — Arrivée à Constantinople.

Le 24 octobre, à la tombée de la nuit, on lève l'ancre et le *Mentor* quitte à toute vapeur le golfe de Smyrne. Le pont du paquebot est toujours encombré de tapis et de Turcs qui fument le chibouck du soir et s'arrangent pour passer leur nuit le plus commodément possible à la belle étoile. Notons comme trait de mœurs très-répandu dans l'Archipel, l'installation d'un café ambulant sur l'avant du navire. C'est une guérite en bois où le *Cavvedji* — cafetier — prépare les boissons et les narghilés qu'il vend ou qu'il loue aux passagers.

Pendant la nuit nous laissons à notre droite l'emplacement de Phocée. Le point du jour nous montre Mételin, l'antique Lesbos, la patrie de Sapho ; au loin, surgissent les rochers de Lemnos. Dans cette mer Égée que nous traversons, tout nom rappelle des souvenirs, chaque rocher a son histoire. Je viens de quitter Smyrne, la patrie du divin Homère : voici maintenant les rives qu'il a chantées ; voici Troie, ou plutôt l'emplacement où fut Troie,

Campos ubi Troja fuit.

Vue de la mer, la côte paraît basse et marécageuse ; des collines infléchissent mollement leurs longues ondulations ; dans le lointain, le mont Ida se dresse comme une immense tenture bleue. Ces petites éminences qui pointent sur les collines sont sans doute ces *tumuli* qu'on s'accorde à nommer tombeaux d'Achille, de Patrocle et d'Ajax. — Du reste, la côte est nue : pas une bourgade, pas une maison ; on dirait que les héros d'Homère viennent de quitter à peine ces bords désolés. Retournons-nous : c'est Ténédos,

Est in conspectu Tenedos.....

C'est un aspect plus vulgaire : une ville turque et quelques bateaux dans un port ouvert, des côteaux plantés de vignobles et une armée de moulins à vent à dix ailes rangés en bataille.

Nous franchissons le cap Sigée. Pendant que j'évoque mes souvenirs classiques et que les noms des guerriers chantés par Homère et Virgile défilent dans ma mémoire, des cris : « La flotte! la flotte! » viennent donner du corps à ma rêverie. Un instant je crois voir à l'horizon la flotte des Grecs allant à Troie venger l'injure des fils d'Atrée. Mais non, ce n'est plus le sort de Troie qui est en question; nous sommes à Bésika ; les vaisseaux anglo-français retenus par un violent vent du nord attendent le moment favorable pour déployer leurs ailes et prendre leur vol encore incertain. La menace de guerre qu'apporte cette armée navale sera-t-elle réalisée? Nul ne le sait encore. Aussi, ce n'est pas sans un certain sentiment d'anxiété que nous traversons ces énormes batteries flottantes qui attendent le signal de l'Europe pour faire parler leurs voix formidables. Nous le savons maintenant : Bésika devait être la première étape de Sébastopol Nous avons vu cette guerre colossale portée à une distance inouïe ; les alliés établis sur une terre ennemie, bravant à la fois l'hiver, le choléra et la guerre, apportant en Crimée les ressources merveilleuses de notre civilisation, couronnant enfin par la victoire un siége sans exemple ; et si on rapproche la chute de Troie de celle de Sébastopol, on peut dire qu'il ne manque à la gloire de nos soldats qu'un Homère et trente siècles de distance.

Nous reconnaissons les noms de quelques-uns des vaisseaux que nous rencontrons : c'est la *Ville de Paris*, qui porte le pavillon de l'amiral Hamelin, c'est le *Napoléon*, le *Charlemagne*; ce navire anglais démâté servant d'hôpital, est le *Bellérophon*, sur lequel Napoléon quitta la France pour aller en Angleterre prendre le chemin de Ste-Hélène ; qui sait si à côté du *Bellérophon* n'est pas venue mouiller la *Belle-Poule*, qui ramena avec honneur en France les cendres de l'Empereur ?

Le *Mentor* stoppe de temps à autre ; une chaloupe accoste, et un officier de marine ou un midshipman vient donner ou recevoir des dépêches.

Cependant les côtes se resserrent peu à

peu, et nous entrons dans les Dardanelles. Le passage du canal qui, en cet endroit n'a que 700 mètres de large, est gardé par de nombreuses fortifications, peu menaçantes malgré leurs énormes boulets taillés dans le marbre des colonnes de Troie. A droite, le château d'Asie ; à gauche, le château d'Europe, — Abydos et Sestos. Il faut croire qu'un habile nageur peut franchir la distance qui les sépare, puisque Léandre et après lui lord Byron se sont passé cette fantaisie. C'est encore ici que Xerxès fit jeter pour le passage de son armée ce pont de bateaux qu'emportèrent les courants. Malgré les verges dont le despote fit frapper la mer, les courants n'en sont pas moins restés indomptables et perfides ; ils continuent à vous jeter, celui qui vient de Marmara sur la côte d'Europe, et celui qui vient de l'Archipel sur la côte d'Asie. Les marins d'aujourd'hui connaissent ces caprices des flots et les mettent à profit pour leur marche.

Les forts d'Europe et d'Asie sont comme la porte de l'empire du Sultan ; là, tout navire doit relâcher pour prendre le firman qui lui ouvre le passage. Espérons qu'un des bienfaits de la guerre sera d'affranchir de cette formalité les nations de l'Occident, et qu'elles pourront librement, en échange des services rendus, apporter à Stamboul les bienfaits de la civilisation.

Bientôt on aperçoit les blanches maisons et les minarets pointus de Gallipoli. Pendant un court temps d'arrêt, le paquebot est envahi par des Turcs apportant des objets à vendre aux passagers et des provisions. Je remarque surtout des vases pour l'eau à formes bizarres. Ce sont de longues amphores qui ont pour anses des animaux fantastiques, des chimères ornées de dorures; du reste, cette poterie assez grossière n'a pas l'élégance des gargoulettes d'Alexandrie; elle ressemble à celle de notre Midi par son vernis vert ou jaune. — La position de Gallipoli est riante, et son nom, *belle ville* en grec, l'indique. On pourrait à présent donner à ce nom de Gallipoli une étymologie rétrospective, celle de *ville des Gaulois*. Depuis que nos troupes y ont eu un cantonnement si long et si éprouvé par les épidémies, Gallipoli est bien devenue une ville française, et nos soldats morts du choléra y dorment à côté des restes des croisés

En face de Gallipoli, sur la côte d'Asie, on voit Lampsaki. La ville s'étage sur une colline, et de grosses tours rondes, ouvrage des derniers empereurs de Bysance, émergent de l'eau. A travers les brumes du soir, on distingue les derniers contre-forts du mont Olympe.

Cependant les rives s'éloignent de plus en plus et nous entrons dans la mer de Marmara, l'ancienne Propontide. Cette mer n'est, à vrai dire, qu'un vaste lac dont on aperçoit les deux rives ; mais ce lac a aussi ses tempêtes. Pour l'heure, les flots sont assez calmes ; une myriade de vaisseaux, la voile ouverte, glissent comme des cygnes. Ils vont la plupart à Marseille, apportant le blé des provinces Danubiennes. Nonchalamment endormis, les patrons de ces vaisseaux les laissent aller au gré du vent, et s'inquiètent peu des feux tricolores que portent les paquebots pour signaler leur approche. Aussi, pendant la nuit, le *Mentor* a failli prendre par le travers, un de ces navires imprudents qui est venu briser quelques planches à un tambour.

Le lendemain matin, 27 octobre, nous

sommes à l'extrémité de la mer de Marmara. La côte d'Asie se perd dans le lointain du golfe de Nicomédie. La côte d'Europe est nue ; à peine si quelques bouquets de bois viennent égayer d'un peu de verdure les falaises jaunâtres de la rive.

On approche de Constantinople cachée encore par un promontoire. Voici les usines de San-Stephano qui vomissent la fumée de la houille, comme si nous étions au Creusot ou à Manchester. Bientôt nous passons devant le château des sept tours — l'Heptapurgon des Grecs —, auquel il n'en reste plus que quatre ; c'est là qu'étaient renfermés les prisonniers d'état. — On distingue Scutari et les façades blanches de ses casernes. Tout à coup, le paquebot a viré de bord, on a doublé la pointe du Sérail, et nous jetons l'ancre dans la *Corne d'or*.

XV

Constantinople. — Aspect général. — Péra. — Les maisons et les costumes. — Le Phanar. — Balata. — Stamboul. — Scutari. — Galata.

Le premier aspect de Constantinople est éblouissant. Le port de la Corne d'Or, dont le nom tout oriental indique la forme, s'ouvre à angle droit sur le Bosphore. La ville flottante a une prodigieuse animation : des myriades de vaisseaux sont à l'ancre ; de légers kaïks effleurent l'eau comme les mouettes et luttent de rapidité avec elles ; de petits bateaux à vapeur turcs qui, comme à Londres, servent d'omnibus, partent incessamment pour les échelles du Bosphore, couverts de passagers ; les deux ponts de bateaux qui réunissent Stamboul, la ville turque, à Péra, la ville européenne, sont toujours obstrués ; c'est un mouvement qui fatigue et déconcerte le regard.

Le panorama qui vous entoure n'est pas moins tumultueux. Du côté de Stamboul, la Pointe du Sérail, promontoire animé de kiosques et de massifs de verdure, s'avance dans les eaux bleues du Bosphore. Au-dessus, pointent des minarets élancés et s'arrondit le dôme de Ste-Sophie que supporte un cube de maçonnerie aux assises blanches et roses. Au milieu d'un fouillis d'arbres et de maisons peintes de diverses couleurs, circulent les vieux remparts crénelés de Byzance, fortifiés de tours carrées et massives. — A droite, c'est Galata, le quartier de la marine et du commerce; plus haut, Péra s'élève en amphithéâtre. Les blancs minarets et les coupoles des mosquées revêtues d'étain brillant, se détachent sur le fond sombre des cyprès des cimetières. Les maisons de bois qui s'étagent sur la colline s'écartent pour laisser voir les palais des ambassadeurs, et la colonnade altière de l'ambassade russe a l'air d'une pierre d'attente posée par les tzars sur le Bosphore. — Du côté de l'Asie, c'est Scutari, image de Constantinople un peu estompée par la distance ; ce sont les rives du Bosphore parées de verdure et toutes peuplées de villages turcs et d'habitations de plaisance.

Cet ensemble de navires et de minarets, de maisons peintes et de jardins, de toits en tuiles rouges et de façades blanches, de coupoles vert-de-grisées et de cyprès noirs, semble fait exprès pour le plaisir des yeux et la joie des artistes. La transparence du ciel d'Orient, et l'éclat de son soleil, animent ce tableau féerique, et en font quelque ville fantastique des Mille et une nuits. Peut-être même cet aspect est-il trop décor d'opéra ; aussi, les âmes rêveuses et méditatives aiment mieux le golfe de Naples où les lignes sont plus pures, les teintes mieux fondues, et où il n'y a rien de criard dans l'accord des tons.

Il n'en est pas moins vrai que ce premier coup d'œil est enchanteur. Quelle désillusion pourtant pour le voyageur qui met pied à terre à l'échelle de Galata ! Point de quais ; les rues aboutissent à la plage par leur pente naturelle, et le débarquement n'est pas sans difficulté. Il faut franchir une flotille de kaïks pour arriver à une méchante estacade en bois, et malheur à qui n'a pas le pied marin!

Enfin, vous voilà sur la place de Galata : c'est ici que s'évanouissent les enchantements du Bosphore et les splendeurs de la Corne d'or. L'intérieur de Constantinople est montueux, escarpé parfois : car c'est aussi une ville aux sept collines. Les rues sont mal ou point pavées ; on rencontre çà et là des cloaques infects, ou des amas de matériaux, débris des maisons consumées par le récent incendie, le feu mettant en coupe réglée ces maisons de bois. Les chiens errants que protègent la loi et le Prophète vous barrent le passage ; ils ont le privilége du balayage public qui n'est fait que par eux. On voit que l'édilité turque n'est pas à la hauteur de la nôtre. Les rues sont innomées ; aussi, dans ce village de huit cent mille âmes, c'est un problème à peu près insoluble que de découvrir l'habitation d'un ami. La nuit, point d'éclairage ; l'usage veut qu'on ne sorte qu'armé d'une lanterne de poche ; on y trouve le double avantage de ne pas être assailli par les chiens qu'on pourrait écraser sur son passage et de ne pas être emmené par les patrouilles comme un malfaiteur. Au total, l'intérieur de Constantinople a le caractère général de toutes les villes turques, la malpropreté et le désordre.

Toutefois, si vous tenez à ne pas devenir trop turc sur ce point, allez vous installer à Péra. Dans les environs de sa grande rue, dont les trottoirs et les étalages font un quartier banal et sans physionomie locale, vous trouverez des hôtels pourvus des aises et de l'élégance du comfort européen. Mais, soyez bien averti que les maîtres d'hôtel, à Constantinople, ont le sang grec et les manières juives. Une fois que vos conventions auront été débattues et fixées, ce qui est une précaution indispensable bien qu'insuffisante, vous vous installerez dans votre divan tendu d'un moelleux tapis de Smyrne ; votre fenêtre regarde le Bosphore, et par delà un vallon que dominent les coupoles de la mosquée et des fonderies de canons de Top-Hané, vous pouvez suivre le panorama du canal, à travers la fumée de votre chibouck. La table d'hôte est cosmopolite par ses convives et par ses mets : les Anglais sablent le champagne, les Français dégustent le caviar de la mer Blanche, et les Russes savourent les bananes et les dattes fraîches.

Si, la nuit, le pétillement de l'incendie vous réveille en sursaut, ne vous effrayez pas trop; les maisons de bois brûleront bien autant qu'il plaira à Mohammed de laisser se promener le torrent de feu, mais comme votre hôtel a son premier étage en pierre, il est probable qu'il sera préservé. A Constantinople, une maison dure en moyenne sept à huit ans; il faut donc que, dans cet espace de temps, un immeuble bâti ait rendu au propriétaire son capital avec les intérêts. Une maison en pierre est d'ailleurs un luxe exorbitant que peuvent seuls se permettre les palais des ambassadeurs et les monuments publics. Le terrain sur lequel est assis Constantinople est une formation de schistes qui s'effritent en lames minces, et la pierre à bâtir est apportée de loin pour être vendue au poids et à un prix fabuleux.

Mais, si les maisons turques ont l'inconvénient du feu, il faut bien reconnaître leur aspect original et pittoresque; c'est un milieu entre la rusticité du chalet suisse, et la bizarrerie du kiosque chinois. Le premier étage empiète sur le rez-de-chaussée par un encorbellement très-prononcé que soutiennent des solives sculptées, placées en équerre. Les fenêtres affectent les formes ogivales, si chères à l'art oriental, et le plus souvent elles sont recouvertes d'une véritable cage treillissée de minces baguettes qui permet de voir sans être vu. Parfois cette cage prend les proportions d'un balcon hermétiquement clos, dont le plan est très-original : c'est un angle très-aigu qui finit à zéro à une des extrémités de la façade ; à l'autre extrémité, l'ouverture de cet angle est garnie d'une persienne qui défile la rue dans sa longueur. Les maisons suivantes ont des balcons pareils, de sorte que chacun d'eux jouit de la vue de la rue entière d'un bout à l'autre. Parfois une vigne vient attacher ses festons aux moucharabys sculptés, et les pampres verts se détachent vivement sur les planches peintes en rose ou en lilas. Qui ne se rappelle d'avoir, enfant, formé des villes impossibles avec des maisons de toutes les couleurs, tirées d'une boîte de sapin? Eh! bien, les maisons de Constantinople sont des jouets d'Allemagne de grande dimension. Elles sont enluminées de tous les tons de la palette ; il y a même une hiérarchie de couleurs qui désignent la nationalité du propriétaire. Ainsi, les Turcs se sont réservé les teintes claires ; le rouge est abandonné aux Grecs et aux Arméniens ; les Juifs, comme des galériens, subissent le bitume foncé.

Les costumes ne sont pas moins bigarrés que les maisons. La foule que vous coudoyez dans les quartiers populeux contient des échantillons de toutes les nations du globe. C'est l'Arménien au bonnet pointu à poil, le Persan à la longue robe, le noir Égyptien, l'Arabe du désert au macklah rayé ; c'est le matelot grec affublé d'un épais caban de laine frisée agrémenté d'étoiles et de festons en drap rouge, l'Albanais au jupon court et tuyauté, le pope dont la longue chevelure ondoie sous une toque de juge, le cawas à la veste écarlate brodée d'or et à la ceinture hérissée d'armes ; c'est la robe de bure du Franciscain, la cornette blanche de la Sœur de la Charité ; c'est le soldat turc coiffé d'un tarbouch orné d'un croissant de cuivre jaune et habillé sur le modèle des nôtres, moins les allures décidées du troupier français ; c'est surtout le turc de vieille roche : il est vêtu d'un dolman de soie et porte une ceinture éclatante; une belle barbe et un vaste turban donnent à sa personne une ampleur majestueuse. Le turban vert indique une fonction religieuse ou le pèlerin de la Mecque; soyez sûr que celui qui le porte ne l'échangera jamais contre le tarbouch nu de la réforme. Ce sont les turbans verts qui font aujourd'hui le plus d'opposition au récent *hat-hamayoun* d'émancipation des chrétiens. Bien que j'aime assez les réformes, — quand elles ne sont pas des révolutions, — et que les Turcs en aient besoin plus qu'autre peuple que ce soit, cependant je ne puis m'empêcher de déplorer celle de Mahmoud sous le rapport du costume. Les néo-turcs, avec leurs pantalons et leurs redingotes boutonnant droit, m'ont l'air de singer les occidentaux et de jouer à la civilisation. Que le Sultan novateur ne s'est-il attaché à réformer mieux la vénalité des charges, la tyrannie du pouvoir et le fanatisme de l'Islam, au lieu de dépouiller les Turcs de tout le prestige de leurs amples vêtements de soie et de leurs turbans de cachemire? Sans rien gagner au change, ce peuple perd peu à peu le caractère distinctif de sa nationalité et se fond dans une insignifiance qu'indique son nouveau costume. Car l'habit, — quoiqu'il ne fasse pas le turc, — est, plus qu'on ne pense, un moyen d'apprécier l'état de la société musulmane. Sans vouloir toutefois donner à cette idée une importance exagérée, je regrette pour les artistes le type imposant du vieux turc qui disparaît trop de Constantinople.

Heureusement que la jalousie des maris musulmans n'est pas près de finir. Elle nous conservera encore le yachmack de mousseline, qui, tout en voilant leur visage, donne tant de physionomie à leurs moitiés. — Et, si je me sers de cette appellation de *moitiés*, c'est que notre pauvre langage ne peut pas exprimer arithmétiquement la fraction matrimoniale qui doit désigner une femme en Turquie, un mari pouvant légitimement en épouser plusieurs. — On pense bien qu'à moins d'être une lady Montagu, on ne peut voir de vraies turques que dans les rues. Elles s'en vont par bandes courir les magasins comme nos élégantes de France. Elles portent le féredjé de couleurs tendres, jonquille, rose, lilas ou vert d'eau ; c'est un ample manteau à larges manches et à collet très-long, que borde un léger velours noir. Le yachmack emprisonne hermétiquement leur visage et ne laisse à découvert que leurs yeux qu'elles ont fort beaux. Pourtant quelques cadines transplantées de Circassie font usage d'une gaze tellement fine, que, sans violer la loi, elles laissent deviner des traits charmants. Elles ont recours à du noir pour réunir leurs sourcils et pour donner à leurs yeux une forme en amande très-allongée. Des pantalons bouffants retombent sur leurs bottines en maroquin jaune, et de disgracieuses babouches chaussées par-dessus rendent leur démarche difficile et nonchalante.

Les Grecques ont un costume plus dégagé. Aucun voile ne masque leur visage; des tresses abondantes de cheveux noirs s'enroulent autour d'un petit tactikos rouge que recouvre une houppe de soie bleue; elles portent le caftan de brocard rayé et ont la fière tournure de la Vénus de Milo. Ces descendantes des illustres familles du Bas-Empire, habitent un quartier situé à l'extrémité de la Corne d'Or. Le Phanar est le faubourg St-Germain de Constantinople; il a un air de grandeur qui surprend. De hautes maisons en pierre, hérissées de machicoulis et garnies de balcons dont la saillie se projette hardiment, rappellent la rue des Chevaliers à Rhodes. C'est là que se sont réfugiés les grands noms de l'ancienne Byzance; c'est là qu'ils subissent obscurément le joug ottoman.

Chaque quartier de Constantinople renferme une nationalité différente et a sa physionomie particulière. Balata contient les ruines d'un autre peuple. C'est le ghetto de Constantinople. Il faut voir les taudis des Juifs pour se faire une idée de l'abjection de cette race. La réunion de la misère et de l'usure produit des combinaisons inouïes de pêle-mêle hideux. Ici, le type juif n'est plus, comme à Jérusalem, empreint d'une tristesse profonde; ce ne sont plus ces figures hâves, encadrées dans deux longues mèches de cheveux blonds, ni ces fantômes à long manteau qu'on voit errer sur les pentes de Josaphat pour y marquer la place de leur sommeil. — Le Juif à Constantinople a la démarche animée; son nez recourbé et sa tête rasée lui donnent un air de ressemblance avec des vautours au cou déplumé; on le voit, court-vêtu, s'agiter dans les bazars; il a le démon du commerce, il prête sur gages, et fait la banque avec les cinq paras d'Ahasvérus.

A côté du délabrement de Balata, Stamboul a presque l'air somptueux. C'est pourtant, à l'exception des bazars, une ville triste et silencieuse. Çà et là on rencontre une ruine byzantine, un aqueduc en briques à demi revêtu de touffes de verdure et de mousses humides. Les maisons incendiées restent abandonnées, et leurs habitants, pratiquant le fatalisme musulman, se sont réfugiés ailleurs. — Ce grand bâtiment sans style, c'est la Sublime Porte, où se tiennent les conseils des ministres. Il n'y a pas là le mouvement qui environne à Paris nos ministères; on voit seulement de temps à autre entrer au divan un pacha suivi de ses porte-pipes. — C'est là pourtant qu'est le centre de ce mystérieux empire dont la Providence laisse aujourd'hui les destinées en suspens. Étrange fortune que celle de ce coin de l'Europe, qui, depuis Troie jusqu'à Sébastopol, a toujours été la clef de voûte de l'équilibre du monde.

Séparé de Stamboul par le Bosphore, Scutari est la ville turque par excellence. Aucun européen ne l'habite, et tout bon musulman y choisit sa place dans le vaste cimetière qui entoure la ville. Un illustre penseur a dit que les Turcs n'étaient que campés en Europe: à voir Scutari avec sa solitude et ses vastes rues où croit l'herbe, on dirait qu'il attend que l'émigration des Osmanlis repasse le détroit. Il leur tient en réserve des casernes et des tombeaux, le sabre et les cendres des aïeux, ces deux forces qui sont la dernière défense des nationalités expirantes.

Galata, la ville de la marine, offre un contraste tranché avec Stamboul et Scutari. Sa principale rue, étroite et longue, a toute l'animation d'un port marchand ; elle est garnie de boutiques de toute espèce. A côté d'un débit d'ale et de gin, un marchand de pipes étale ses lulés de terre rouge. Ici, un écrivain public, l'écritoire de cuivre à la ceinture et les besicles sur le nez, dispose sa table basse en marqueterie sous un portique ouvert, et taille sa plume de roseau ; là, des poissons du Bosphore achèvent leur agonie en passant par des teintes irisées d'un éclat surprenant ; les Romains de la décadence auraient été jaloux d'en offrir le spectacle à leurs convives. — Vous voyez plus loin un café turc ; c'est une salle carrée et blanchie à la chaux que pourtourne un banc en pierre ou un divan très-bas. Le mobilier est des plus modestes : il consiste en une natte, quelques narghilés et des findjanes en porcelaine dans leur pied de cuivre doré. Le moka, réduit d'abord en poudre impalpable, est tenu en suspension dans l'eau par un procédé particulier de facture. Pendant que vous savourez ce breuvage épais et mousseux qu'on ne trouve pas sans charme avec un peu d'habitude, vous pouvez suivre des yeux la foule cosmopolite qui circule au dehors. Voici passer un pacha : il est à cheval, et deux saïs, la main appuyée sur la croupe, marchent à ses côtés. Il est précédé d'un cawas au riche costume, et entouré d'une foule d'officiers dont l'un porte indispensablement dans son fourreau de drap ce long chibouck, sans lequel un homme un peu considérable ne peut se montrer en public. — Puis, vous voyez défiler un cortége nuptial. Il s'ouvre par des esclaves noirs portant, deux par deux, dans des corbeilles enrubannées les présents de noces, étoffes précieuses, fourrures, pierreries, essences rares, meubles de prix, tout le mobilier somptueux d'un harem ; le marié vient ensuite entouré des hommes ; la marche est fermée par les femmes plus soigneusement voilées que jamais et entassées dans des arabas, grandes voitures à caisse dorée et sculptée. Cependant ce défilé a arrêté la circulation de la foule ; deux robustes hammals, portant un fardeau suspendu à une longue barre, se chargent de la rétablir, en faisant de force une large trouée. C'est alors un tumulte assourdissant de cris et d'imprécations dans tous les idiomes possibles : — Galata est le carrefour de l'univers, et d'ailleurs, à Constantinople, tout le monde est plus ou moins polyglotte.

Cette Babel dure tant que le soleil est sur l'horizon. Le soir venu, les marchands replacent les ais de leurs boutiques, la foule s'écoule, et on ferme les portes qui séparent Galata et Péra en deux villes distinctes. Le calme se rétablit et on n'entend plus que les cris des chiens de bazar.

XVI

Les Mosquées. — Sainte Sophie. — Les Derviches tourneurs. — Fontaines. — Turbés. — Les Champs des morts. — Les Eaux Douces.

La religion joue un grand rôle dans la vie extérieure des Turcs, et les mosquées abondent à Constantinople. Elles sont la plupart des monuments de la piété et de la magnificence des Sultans dont elles portent le nom. A part ces grandes djamis, temples publics auxquels sont annexées diverses fondations, khans, hôpitaux, écoles, habitations des imans et des ulémas, la présence de minarets plus modestes, courts et blanchis à la chaux, décèle des mesdjids privés, oratoires qu'a élevés pour lui quelque pieux musulman, quelque fervent anachorète. Ce n'est pas seulement le catholicisme qui produit des communautés religieuses et des solitaires ; la *dévotion* absolue à Dieu est dans la nature d'un grand nombre d'âmes exaltées, même en dehors de la communion chrétienne. On la retrouve, bien que mêlée à toutes les extravagances de l'erreur, chez les bonzes chinois, les fakirs de la Perse et les brahmanes de l'Inde ; à Constantinople, ce sont des communautés de derviches et des moines isolés qui sur le balcon de leur minaret sont à eux-mêmes leur propre muezzin.

Les mosquées les plus remarquables sont Sainte Sophie, la Suleymanieh et celle d'Ahmet. Celle du faubourg d'Eyoub, bâtie par Mahomet II, est la plus sainte aux yeux des Turcs. C'est là que le Sultan vient inaugurer son règne en ceignant le cimeterre, investiture qui convient bien à un empire dont le sabre et le fanatisme ont fait toute la force. J'aime mieux la mosquée de Bayezid, autour de laquelle, comme à Venise sur la place Saint Marc, volent des nuées de pigeons. Le Sultan a attribué à sa mosquée une dotation pour l'entretien de ces oiseaux sacrés. Vous pouvez participer aux largesses du fondateur : un santon se tient à la porte de l'édifice, vendant du mil aux dévots musulmans, et pour quelques paras vous vous donnez le plaisir de faire descendre des hautes coupoles un essaim de ces joyeuses palombes qui viendront becqueter le grain à vos pieds.

Ces mosquées sont toutes construites sur le modèle de Sainte Sophie. C'est toujours une coupole centrale appuyée sur d'autres dômes plus petits qui forment autour d'elle plusieurs étages de contre-forts. Cet ensemble est flanqué de deux minarets; de quatre, si la mosquée est de fondation impériale. Seule, Sultan-Ahmet a six minarets; et, lors de sa construction, on fut obligé d'en élever un septième à la mosquée de la Mecque pour lui conserver son rang de primauté. Ces minarets sont des tours rondes d'une hauteur hors de toute proportion et d'une blancheur éblouissante. Elles sont terminées par un croissant jeté à la cime d'une flèche élancée. Le fût est orné de cannelures et porte deux rangs de balcons ciselés à jour d'un travail merveilleux, suspendus sur une dentelle de pierre. Cinq fois par jour, aux heures de la prière, le muezzin monte à ces balustrades aériennes, et se servant de ses mains ouvertes pour mieux porter le son, il jette aux quatre vents d'une voix nasillarde et chevrotante une mélopée douce et triste qui m'a paru appartenir au *mystique* phrygien, le troisième ton de notre plain-chant. Il est du reste assez difficile de déterminer le mode auquel se rattache la musique qu'on entend en Orient : les chanteurs usent souvent d'intervalles inappréciables dans notre langage musical, et leurs quarts de ton donnent à leurs chants un accent tantôt plaintif et tantôt brutal.

Encadrée par ces six minarets, la mosquée d'Ahmet est entourée d'un bosquet de grands cyprès et de platanes séculaires, et précédée d'une cour somptueuse, espèce de cloître à arceaux en ogive supportés par des colonnes de porphyre, de vert antique ou de granit rose d'Égypte. Au milieu de cette cour pavée de larges dalles, s'élève une fontaine hexagone d'un pur style arabe. Si vous n'avez pas le firman qui ouvre l'entrée des mosquées et des autres monuments publics et qui se paie quelques centaines de piastres, gardez-vous de vous arrêter trop longtemps dans cette cour ; quelque fanatique pourrait bien chasser le giaour imprudent, en lui faisant sentir par la vigueur de ses poings, que le Turc n'est jamais plus fort que lorsqu'il est chez lui.

Muni de ce bienheureux firman et par lui protégé, j'ai pu avec mes compagnons de voyage pénétrer dans Sainte Sophie. Les dehors sont masqués par des constructions parasites qui déshonorent le chef-d'œuvre dont Justinien était si fier. Des galeries basses, de sombres couloirs, font mieux ressortir encore la magnificence de l'intérieur. Le premier aspect est saisissant. C'est une vaste coupole flanquée de deux voûtes hémisphériques qui donnent au plan de la nef une forme ovoïde. A ces lignes principales se rattachent d'autres dômes secondaires qui s'ouvrent sur les premiers. Cette superposition de coupoles dont les appuis ne sont pas apparents donne à tout l'édifice un aspect surprenant de légèreté. Les nefs latérales, relativement basses, sont séparées de la grande coupole par quatre colonnes à chapiteau cubique qui soutiennent des arceaux plein cintre ornés d'une marqueterie de marbres dans le goût byzantin. Quatre autres colonnes au-dessus des premières, forment la répétition de l'étage inférieur et donnent du jour à des tribunes spacieuses.

Cette coupole produit un effet plus imposant que celle de Saint Pierre de Rome, qui est pourtant plus large et portée à une plus grande hauteur par l'intersection de deux vastes nefs. C'est là, si j'ose le dire, le défaut capital de Saint Pierre : cet édifice paraît à l'œil moins grand qu'il ne l'est réellement; il faut du temps et des comparaisons pour apprécier son immensité. Et n'est-ce point un défaut dans une œuvre d'art que de dépenser une grande somme de moyens pour produire comparativement peu d'effet ? Les obscurs architectes de nos églises ogivales savaient arriver au résultat contraire en se servant d'un système opposé. Suivant les principes retrouvés par le judicieux et regrettable Pugin (1), ils multipliaient les détails, au lieu de les agrandir. C'est, je pense, à l'application de ce principe que Sainte Sophie doit sa majesté, et tous ces dômes qui rentrent les uns dans les autres, se font mutuellement valoir. Comme ils se pénètrent

(1) A. W. Pugin, *Les Vrais Principes de l'Architecture ogivale ou chrétienne.*

successivement du plus petit au plus grand, l'œil trouve du premier coup un point de comparaison pour apprécier sans effort l'étendue de la grande coupole.

Comme les basiliques constantiniennes de Rome, comme Saint Vital de Ravenne, construit aussi sous Justinien, comme enfin Saint Marc de Venise, imitation postérieure de Sainte Sophie, le temple de Justinien était tout ruisselant de mosaïques à fond d'or. Mais le Coran, nouvel iconoclaste, proscrit les représentations de l'Être suprême et les figures d'homme, et les Turcs ont dû effacer cette merveilleuse décoration. Par bonheur, l'architecte italien chargé dernièrement des réparations de Sainte Sophie, a eu recours à un badigeon d'or qui conserve à la grande coupole et aux absides tout leur éclat. Les personnages ont disparu malheureusement sous l'or, et les chérubins à six ailes suspendus aux pendentifs, ne semblent plus adorer sous la coupole du ciel cette Sagesse Divine qui avait donné à l'église de Justinien son nom conservé encore aujourd'hui sans altération par les Turcs, *Aïa Sofia*. On aperçoit cependant au fond de l'abside postérieure la tête et le nimbe du Christ qui transparaissent sous le badigeon doré comme un souvenir et un espoir. Voilés pour un temps, les Saints radieux reparaîtront sans doute, et le prêtre qui, suivant la tradition, célébrait la messe au moment où Mahomet II entra en vainqueur dans Sainte Sophie, sortira du mur qui s'était refermé sur lui, reprenant après plusieurs siècles l'oblation interrompue. Se rencontrant avec la croyance populaire, M. de Maistre a dit que le XIXe siècle ne s'écoulerait pas sans que la messe ne fût chantée à Sainte Sophie. Est-ce que la présence de nos prêtres et de nos Sœurs de Charité au sein même de l'Islam n'est pas un commencement de réalisation de cette prophétie ? Et que dirait le farouche sultan qui imprimait sur les murs de Sainte Sophie la trace encore visible de sa main trempée de sang chrétien, s'il voyait aujourd'hui les processions de la Fête-Dieu se dérouler à Péra avec plus de liberté qu'en bien d'autres lieux !...

Quelles que soient ces espérances, et toute splendide qu'elle soit encore, Sainte Sophie attriste l'âme. A la place de l'autel est la chaire de l'iman. Aux ambons constellés de porphyre et de serpentine où le diacre annonçait l'Évangile, on a substitué l'escalier raide du nimbar. L'orientation primitive de l'église est faussée par la niche de la mosquée, et l'harmonie de ses lignes troublée par la direction oblique des nattes vers la Mecque. De nombreux lampions de verre sont attachés à de longues cordes qui descendent de la coupole; et, pour tout ornement, le turc a appendu sur les marbres précieux de grands disques de bois où les calligraphes ont transcrit en lettres d'or des versets du Coran. Autant l'architecture de Sainte Sophie est majestueuse, autant son ameublement actuel est faux et mesquin. C'est une note de passage dans un accord qui aspire à sa résolution.

On voit que l'art musulman dans ses mosquées est essentiellement un art d'imitation. Il n'a rien créé: il a emprunté les formes hiératiques de l'architecture byzantine, en détruisant les ornements qui représentaient des êtres animés. Le Mihrab, niche qui indique la direction de la Mecque, et le Nimbar, chaire à prêcher, sont seuls caractéristiques. Le minaret lui-même, dont la forme toutefois appartient à l'art arabe, est une réminiscence de nos clochers adaptée à sa nouvelle destination ; les larges baies où étaient suspendues les cloches y sont remplacées par les balcons extérieurs destinés à l'annonce de la prière. On ne se douterait guère que si le mahométisme nous a pris la forme de ses mosquées, nous lui devons la prière de l'*Angelus*. Cette touchante formule est née en Orient, — peut-être près de Nazareth, — les Chrétiens ayant voulu opposer trois fois par jour au chant du muezzin le souvenir du grand mystère de l'Incarnation, comme une pieuse protestation de leur foi. Les croisades qui avaient déjà doté l'architecture de l'Occident de l'élément ogival, y transplantèrent aussi cette dévotion nouvelle qui se répandit promptement en Europe.

J'ai remarqué dans un des bras latéraux de Sainte Sophie un amas considérable de coffres et de ballots. Ce sont les richesses et le mobilier des Turcs qui sont en pèlerinage à la Mecque, et qu'ils viennent déposer avant de partir. Touchant usage que celui qui confie à un temple de précieux dépôts, tout ce que possède une famille. La religion n'est-elle pas, bien mieux que les coffres-forts, la gardienne des fortunes, parce qu'elle est celle des mœurs ?

Telle est la puissance du sentiment religieux qu'il force au respect, même dans ses plus grandes aberrations. C'est ainsi que j'ai pu voir sans rire le spectacle bizarre qu'offrent dans leur téké les derviches tourneurs. Au milieu d'une salle carrée, une balustrade octogone circonscrit une enceinte où entrent un à un les mewlewi, vêtus de longs manteaux et coiffés d'un feutre gris qui ressemble assez à un de nos pots à fleurs renversé. A leur tête, marche leur iman que distingue son turban vert; c'est un homme jeune dont la physionomie est recueillie et remarquablement intelligente. Les derviches, tournés vers le mihrab, psalmodient quelques prières, puis font lentement le tour de l'enceinte en saluant au passage l'iman assis sur une estrade. Cependant, on entend préluder une flûte douce qu'accompagne une pédale continue. Un tambour frappe un rhythme lent qui s'anime bientôt. Les derviches dépouillent alors leur manteau, et apparaissent en robe blanche serrée à la taille. Ils commencent leur valse solitaire, les bras étendus, la tête légèrement inclinée. Leurs yeux fixes leur donnent un air inspiré, et les plis de leurs longues robes s'étalent en ronds démesurés. Les plus vieux, auxquels leur âge interdit cette pratique fatigante, se mêlent aux tourneurs et promènent au milieu d'eux, sans doute pour recueillir leur part des faveurs que Mohammed accorde à ses dévots sectateurs. De temps à autre, le rhythme du tarabouck s'apaise, et les derviches haletants font à pas mesurés le tour de l'enceinte; puis ils reprennent leur valse jusqu'à un entier épuisement de forces.

J'avais à mes côtés un pieux musulman qui, affaissé sur ses genoux, imprimait à sa tête et à son buste de violents tournoiements pour imiter les derviches. Dans sa frénésie, il perdit son turban et sa tête rasée frappait rudement le mur. Ses yeux effarés s'injectaient de sang et sortaient de leur orbite. Il était impossible de supporter longtemps la vue de cet affreux spectacle. J'allai à la porte reprendre mes chaussures au milieu d'un amas prodigieux de babouches; et pendant que mes amis assistaient au dénouement de cette scène étrange, je me délassai en admirant un calme paysage — quelques maisons à toits en tuiles rouges à demi cachés par des touffes de verdure ; au fond, du côté de Stamboul, une mosquée et deux minarets, et au premier plan une charmante fontaine en marbre blanc qui sert aux ablutions des derviches.

Cette pratique des ablutions est un des préceptes les plus importants du Coran. Dans le désert, et faute d'eau, les Arabes se servent de sable brûlant. Les ablutions se font plusieurs fois le jour, et avant d'entrer dans la mosquée. De là le grand nombre de fontaines que l'on remarque à Constantinople. Chaque mosquée a la sienne. Tantôt c'est un élégant monument qui occupe le milieu d'une cour, comme à Sultan-Ahmet ; tantôt de nombreuses bouches d'eau coulent le long d'un mur, à peu près comme à l'église de Sainte-Marie-des-Anges à Assise.

Parfois la fontaine est séparée de la mosquée et prend les proportions d'un monument à elle seule. Celle de Sainte-Sophie, due au Sultan Sélim, est la plus remarquable en ce genre. Elle est un type gracieux de ce style d'architecture qu'on désigne sous le nom de rococo turc. Bien qu'il n'ait pas une grande valeur esthétique, on ne peut s'empêcher de trouver charmants ces cartouches peints et dorés où courent de capricieuses arabesques et ces toits dont la saillie énorme rappelle les auvents retroussés des pagodes. Cinq légères coupoles les surmontent, ornées de longues tiges où sont enfilées des boules de métal et que termine un croissant. Les angles arrondis de cet édicule carré présentent des fenêtres encadrées par des colonnes fluettes et fermées par des grillages de fer délicatement travaillés. Des chaînes retiennent les coupes de cuivre où le passant peut puiser l'eau. Il faut surtout noter ces niches ogivales à pendentifs qui sont placées en retraite les unes au-dessous des autres, et dont les facettes étagées représentent assez bien les cristallisations d'une stalactite. C'est là un des ornements caractéristiques de l'architecture arabe.

Près des mosquées, on trouve encore des turbés, monuments destinés à la sépulture des sultans. Ce sont des salles élégantes, voûtées en dôme et entourées de jardins soigneusement entretenus. Rien n'y retrace les tristesses de la mort; rien non plus n'y rappelle les espérances de la vie future. Ce sont des salons où le maître absent a laissé des échantillons de ses richesses et de sa vanité. A travers les grilles dorées, on voit, en pleine lumière, des catafalques recouverts de grands châles de cachemyre. « Un turban, dit M. Boullier, ou un fez orné d'une aigrette distingue le cercueil des sultans de celui des sultanes. On nous a montré, près de la Suleymanieh, la tombe de la célèbre Roxelane, une française qui avait échangé son titre de chrétienne contre celui d'épouse du Sultan. Que celte tombe couverte d'or et de tissus précieux nous a paru triste ! » (1)

A Constantinople, les morts occupent une aussi large place que les vivants. Les cimetières d'Eyoub et de Scutari, le Grand et le Petit Champs des morts renferment autant d'espace que les maisons. Ce sont de grands bosquets de cyprès où ces arbres ont une végétation vigoureuse, et atteignent des di-

(1) *Lettres d'un pèlerin de Jérusalem.*

mensions inconnues en Occident. Sous leur dôme impénétrable aux rayons du soleil, se dresse une infinité de plaques de marbre qui indiquent chacune une tombe. Ces stèles funéraires, ornées la plupart d'inscriptions en lettres d'or, sont surmontées ordinairement d'un turban sculpté dont la forme indique la qualité du défunt ; une grappe de raisin ou une fleur de lotus, peintes de couleurs vives, sont réservées aux femmes. Au pied de ces cippes de marbre, on laisse une ouverture qui aboutit à l'oreille du défunt. On voit des femmes éplorées, entourées de beaux enfants, venir se lamenter près de cet orifice qui les fait encore communiquer avec celui qu'elles pleurent. Elles déposent des fleurs sur la tombe, et versent du lait ou des parfums dans un petit bassin creusé au milieu de la dalle funéraire. — Je me rappelle avoir vu aussi au Vatican de petites coupes creusées sur des sépultures chrétiennes des premiers siècles ; quelques trous au fond de ces bassins perforent le marbre de part en part. N'était-ce pas là que les parents venaient verser leurs larmes pieuses ? Je ne sais si l'archéologie confirme cette conjecture qui se rapprocherait des usages de l'Orient ; mais j'aime à penser que les premiers Chrétiens pouvaient réchauffer de leurs pleurs la froide dépouille de ceux qu'ils avaient perdus, et se mêler encore à eux par un baiser à travers la tombe.

Mais l'Islamisme n'a pas le vrai sens de la mort ; et le cimetière en Orient n'inspire pas de ces sentiments tristes et doux, bienfait de la lumière sereine que l'Évangile répand sur l'autre vie. Rien, au contraire, n'est joyeux comme le Petit Champ des morts. Des sentiers circulent sous les hauts cyprès et des colombes volètent doucement entre les stèles de marbre. Le cimetière est à certains jours le rendez-vous de la fashion turque. Les grecques splendides, les familles pérotes et les dames franques, en fraîches toilettes, s'y promènent le soir. Un café est établi tout à côté des tombeaux ; on vient y prendre le sorbet et faire le kief, tout en allaitant ses rêveries au bouquin d'ambre du chibouck.

A l'autre extrémité de la grande rue de Péra, le Grand Champ des morts offre un spectacle tout aussi animé. Les îles de maisons pénètrent au milieu des cyprès, et leurs habitants sont mêlés à ceux qui dorment sous le gazon. Une vaste place laisse à découvert la longue façade d'une caserne qui doit, plus tard, abriter longtemps les soldats français. Si le Petit Champ des morts est le boulevard des Italiens de Constantinople, le Grand en est les Champs-Élysées. On y voit, au milieu des arabas traînés par des bœufs, passer le coupé élégant d'un ambassadeur, ou le pur-sang arabe d'un riche franc de Péra.

Mais la promenade favorite du beau monde turc, ce sont les Eaux Douces d'Europe ; et, si on veut le voir de près, on ne peut se dispenser de cette course. Prenez donc un de ces petits chevaux qui sont les voitures de place de Constantinople et qui attendent, sellés et bridés, à tous les carrefours un peu importants. Vous pouvez galoper sans crainte de fatiguer le Saïs qui vous tiendra pied ; il est fait à ce métier. Tout en chevauchant, vous admirez entre les collines boisées des échappées ravissantes sur la Corne d'or ou le Bosphore. Prenant un plus long chemin, vous allez visiter à l'entrée de la forêt de Belgrade les Bends qui alimentent les fontaines de Constantinople, et vous arrivez par un détour aux Eaux Douces.

Que si vous préférez vous y rendre par eau, vous choisissez à l'échelle de Galata un kaïk effilé à bordages d'érable cirés, sculptés et dorés. Des Arnautes ou des Bulgares en chemises de soie saisissent leurs longues rames terminées au-dessus de la poignée par une lourde tête qui forme contre-poids et facilite la manœuvre. Surtout, une fois commodément accroupi sur des coussins au fond de votre étroite chaloupe, ayez soin de rester immobile : le moindre mouvement compromettrait l'équilibre du fragile esquif. La grave attitude des Turcs est ici de rigueur. Le kaïk une fois dégagé de la forêt de navires qui sont à l'ancre, sillonne rapidement les eaux bleues de la Corne d'or, et dépasse l'arsenal maritime, construction récente dont le pavillon central est terminé par une pyramide à contre-courbe qui porte le drapeau ottoman. Bientôt les rives se resserrent, l'eau devient moins profonde et prend la teinte verdâtre des lagunes de Venise. Tout au fond de la Corne d'or, débouchent le Cydaris et le Barbyzès, deux noms charmants de ruisseaux. Le kaïk remonte doucement le Cydaris et s'arrête dans un frais vallon ombragé de grands arbres, trembles, érables et platanes. Sur la pelouse sont assises en rond des femmes de harem en féredjés roses et bleu de ciel ; à leurs côtés, folâtrent dans les hautes herbes de joyeux enfants, tandis qu'un aga noir, en costume tout chamarré d'or, surveille les regards des mères encore plus que les jeux des enfants. D'élégantes arméniennes, des grecques à la taille élancée, en costume chatoyant, aux tresses ornées de sequins d'or, promènent librement et sans voiles. C'est un tableau frais et brillant, une toile de Diaz. Près de ces groupes, une bohémienne racle la guzla, espèce de mandore monocorde ; des bandes d'arméniens promènent l'archet sur la touche du rébab, ou pincent avec un plectre d'écaille les nombreuses cordes du kanoun montées sur une caisse carrée. Un café, complément indispensable de tout divertissement à Constantinople, prépare le moka mousseux, et la vapeur odorante du tombak fait bouillonner l'eau parfumée des narghilés. Les cadines fument de petits chiboucks à tuyau de jasmin, ou grignotent quelques friandises. — Pauvres créatures ! Fleurs charmantes qui s'étiolent dans la serre chaude du harem ! Comme elles sont heureuses de s'ébattre un peu au grand air ! Ce sont là toutes leurs récréations, plus que cela, toutes leurs joies. Car peut-on dire qu'elles connaissent celles de la famille, et ne sont-elles pas plutôt des esclaves que des épouses ? S'il est vrai que ce sont les femmes qui font les mœurs, on peut affirmer, et cela n'est que trop réel, que les Turcs n'ont point de mœurs : car la femme n'existe pas chez eux.

Il y aurait beaucoup à dire sur ce chapitre lamentable des mœurs à Constantinople ; mais ce sont de ces choses qu'il ne faut point scruter, et dont le poëte a dit :

Non ragionam di lor : guarda, e passa.

Et en passant, on ne peut s'empêcher de déplorer ce vide que l'absence de vérité religieuse fait parmi les Turcs. Chez eux, toutes les choses les plus saintes ont un sens faux : la femme n'est qu'une odalisque ; les arts, les caprices sans valeur d'une imagination penchée vers les sens ; la religion, un assemblage de pratiques ridicules ; les mosquées, des salles nues ; les tombeaux, des boudoirs, et les cimetières, des lieux de promenade et de rendez-vous.

XVII

Mœurs et habitudes des Turcs. — Les bazars, les bains. — La Turquie primitive. — Le vieux Sérail. — Monuments du Bas-Empire. — Avenir de la Turquie. — Les établissements religieux à Constantinople.

Pour apprécier la civilisation d'un peuple où les arts sont incompris et où les femmes prisonnières des harems ne donnent pas la vie à la société, il faut descendre aux menus détails de la vie extérieure. Une journée passée dans les bazars en apprend plus sur les Turcs que de longs livres de statistique. Là, on saisit leurs goûts, leurs habitudes, leurs mœurs. Aussi, m'échappant au tumulte de Galata, où le commerce en grand est le privilège de la nation franque, j'allais souvent m'égarer dans les vastes rues de Balik-Bazar, ou sous les galeries ogivales du Tcharché. Là circule une foule silencieuse, quoique affairée. Cette partie de Stamboul est tout occupée par des boutiques, et les marchands turcs ont leurs maisons loin des bazars où ils passent la journée entière. On les voit, au milieu du jour, prendre leur repas debout près des cuisines en plein vent. Le Turc est sobre en général. Il se contente d'un peu de pilau ou de yaourth, lait caillé saupoudré de grains de grenade et aromatisé au musc. Les appétits plus robustes s'adressent aux marchands de kébab, beefsteacks tournants enfilés à une broche perpendiculaire à laquelle la flamme imprime un mouvement de rotation, en passant à travers les ailes de tôle dont elle est munie. Une fois son repas terminé, le Turc apaise sa soif à la première fontaine et allume son chibouck. Accroupi sur la devanture de sa boutique il s'annihile dans l'extase du kief. L'acheteur qui survient est pour lui un supplice: troublé dans son indolente rêverie, le pauvre marchand se contente de répondre par gestes à l'importun chaland. Il y a loin de son apathie à l'empressement obséquieux de nos commerçants de France ; il est fataliste, et sait bien que tous ses efforts ne lui donneraient pas un acheteur de plus que le nombre fixé par le destin. D'ailleurs, en ce moment, que lui importe le souci de ses affaires ? La douce vapeur du chibouck ne lui donne-t-elle pas un bonheur sans fatigue, et n'a-t-il pas le paradis de Mahomet ?

L'acheteur n'a pas seulement à trouver un marchand qui veuille bien descendre de ces hauteurs pour daigner l'écouter, il lui faut encore se garder de ces courtiers juifs, interprètes officieux qui pullulent dans les bazars. Ces intermédiaires fâcheux et indispensables vont lui offrir leurs services intéressés et lui demander dix fois le prix fixé par le marchand. Si, par hasard, le marché se conclut, le manque de numéraire et surtout de petite monnaie empêchera souvent de le réaliser, de telle sorte que les bazars ont l'air d'une exposition où rien n'est à vendre. La situation des finances est déplorable en Turquie. La valeur des pièces d'or ou d'argent varie d'un pays à l'autre, et du jour au lendemain, suivant leur plus ou moins de rareté, et ces différences deviennent la source de contestations sans fin. De temps en temps, et lorsque les besoins du trésor l'exigent, le gouvernement met en circulation des kaïmés, sortes d'assignats gras et déchirés qu'on est obligé de donner à perte, bien qu'on les ait reçus au pair. D'un autre côté, le change à Constantinople est ruineux, et le trébuchet des banquiers grecs ou arméniens n'est pas toujours la balance de la justice.

Ces inconvénients exceptés, les bazars sont un but de promenade très-divertissant et fort instructif. Les marchandises de même nature se trouvent dans le même quartier, et cette disposition facilite le choix des acheteurs. Le bazar des étoffes contient des échantillons des diverses industries de l'Orient, soieries de Brousse à raies alternativement mattes et transparentes, gazes diaphanes de Moussoul, brocarts de Damas, cachemyres de l'Inde. Beyrouth envoie ses blagues à tabac tramées d'or et historiées de chiffres talismaniques, Astrakan des fourrures, et Andrinople les mouchoirs brodés qu'on fait circuler après le café.

Le bazar des chaussures est encore plus éblouissant. Ce sont d'immenses étalages de babouches de maroquin, de velours, de satin, de brocart, pointues et recourbées par le bout, ornées sur la passe d'une houppe de soie, et brodées de cannetilles d'or et d'argent. Ces étalages ressemblent à des plates-bandes diaprées de tulipes, tant ils ont d'éclat et de couleurs chatoyantes. Notons l'extrême petitesse de ces mignonnes babouches qu'on prendrait pour des chinoiseries, et qui feraient honte à Cendrillon elle-même.

Ailleurs se vendent les coffrets de bois de rose, les chapelets d'ambre et de santal, les pastilles du sérail et les essences de rose dans de longs flacons de cristal doré et bizarrement tailladé. Plus loin, ce sont les épices de l'extrême Orient qu'apportent les caravanes de l'Yémen et de Bassorah, le haschich qui plonge dans de folles extases, et le tabac sous toutes ses formes : les fins cheveux blonds du Levant, les feuilles entières du tombak, et le latakieh qui doit sa saveur particulière à son séjour prolongé dans le sol. A côté, viennent les fourneaux de pipes en terre rouge ornés de marbrures d'or et de dessins capricieux ; les bouts d'ambre à demi transparent et rubané de taches laiteuses; les tuyaux de merisier ou de jasmin revêtus de soie rouge et tout bosselés d'or. La fabrication de ces tuyaux est une branche importante de l'industrie locale; on fume tant en Turquie! Il faut voir avec quelle dextérité l'ouvrier, muni d'un archet qui met en mouvement son foret, perce ces longs bâtons minces comme le doigt. Du reste, les Turcs, qui ont les machines en horreur, — et à mon sens ils ont grandement raison, — travaillent tout à la main avec une perfection étonnante, et ont des caprices d'artiste d'une valeur réelle.

C'est ainsi que les chaudronniers, dont le quartier est tout retentissant du bruit des marteaux, font des chefs-d'œuvre de repoussé : des aiguières à long col et à anses fluettes, des narghilés en acier niellé d'argent, des plateaux de cuivre semés d'étoiles et de chevrons, des ustensiles de cuisine qui seraient dignes de figurer dans un musée. Tout à côté, les joailliers étalent des zarfs — pieds de tasses — en filigrane d'argent, des colliers de diamants et des bracelets de jambe, vrais joyaux de Houris, devant lesquels s'arrêtent les féredjés les plus élégants. Tous les trésors d'Haroun-al-Raschid ou du roi Suleyman sont là, provoquant l'envie des belles circassiennes, et scintillant dans des sébiles de bois, en attendant qu'ils aillent s'éteindre dans les profondeurs des harems.

Le Bezestain, situé à l'extrémité des bazars, est un édifice formé de vastes salles séparées par des piliers élancés. Des coupoles part un jour douteux bien apprécié des marchands. Le Bezestain est comme le résumé des bazars : il renferme les marchandises les plus précieuses, les objets rares et tout le bric-à-brac de l'Orient. Le luxe des armes est très-répandu chez les Turcs et c'est au Bezestain qu'ils trouvent à satisfaire leur goût dominant. Voici le long fusil du Bédouin, la masse d'armes du Persan, le croc et la lance de roseau de l'Arabe, la carabine circassienne garnie de viroles d'argent et tout incrustée d'ivoire, les pistolets albanais diaprés de nielles délicates et constellés de pierres précieuses. Mais ce qui est surtout attrayant, ce sont ces monceaux de poignards, sabres, kandjiars, yatagans de toute forme et de tout pays, damas bleus et moirés, lames en acier noir du Khorassan ; tout cela recouvert de fourreaux de cuir, de velours, d'argent repoussé, de cuivre ciselé et monté de poignées de corne, d'ivoire, de jade ou d'acier aux gardes fantastiques.

Une fois arrivé au Bezestain on ne peut se dispenser de faire une visite à Ludovic. Ce riche arménien, — un amateur qui semble vendre à regret, — a les belles manières turques. Il reçoit les acheteurs en les saluant à la mode du pays, — mode charmante, — en portant la main à son cœur, puis à son front légèrement incliné ; il leur offre du café brûlant dans des findjanes en porcelaine de Chine. Tout en fumant le chibouck hospitalier, on admire ses collections d'armes, et on finit par le décider à en céder quelques-unes à des prix qui ne semblent point exagérés, tant son accueil est affable et séduisant. L'adroit arménien a gagné une fortune à ce métier, et il peut fort bien fermer au milieu du jour pour aller faire le grand seigneur à sa villa de Kadi-Keui sur le Bosphore.

Est-ce là tout ? non ; tout se vend à Constantinople, et j'allais oublier le bazar aux esclaves. Mais ici il y a déception. Les beautés de Circassie, parmi lesquelles les Osmanlis viennent choisir leurs épouses, sont tenues sous clef, et les étrangers curieux sont trompés dans leur attente de voir ces Turques d'emprunt avant qu'elles aient passé le seuil du sérail. C'est tant mieux : leur absence de ce honteux marché leur laisse toute leur poésie, — poésie de l'inconnu ; et c'est assez de voir les esclaves noires exposées en vente aux regards de tous. Celles-là, elles seront toujours des esclaves, et on ne fait pas de façon avec elles. Mais c'en est trop, et le cœur se serre à ce trafic odieux. Des âmes faites, comme les nôtres, à l'image de Dieu sont-elles donc dans le commerce, pour que le mahométisme patronne ce négoce infâme ? C'est là le grand crime de la Turquie que cette négation de l'égalité des races humaines, et sa punition providentielle est de se dissoudre dans la corruption du harem, parce qu'elle a méconnu la liberté de la femme et son influence suprême dans la famille et dans la société.

Les bains turcs offrent des scènes de mœurs moins attristantes. Le koran fait une vertu de la propreté. Je dois dire, pour être exact, que cette vertu est peu en honneur chez les Turcs. Toutefois ils fréquentent assidûment le bain. C'est un lieu de réunion comme nos cercles d'Europe ; on s'y enquiert des nouvelles et on y fait le kief. Ces établissements sont ouverts le matin aux hommes, et le soir réservés aux femmes. La loi religieuse impose aux Turcs l'obligation de laisser aller leurs épouses au bain au moins deux fois la semaine ; et elles profitent largement de cette faculté qui leur donne toute la liberté dont elles peuvent jouir.

Les bains se composent de trois salles hautes et voûtées où le jour arrive par des lentilles de verre, placées dans l'épaisseur des murs. La première salle sert d'entrée et de lieu de repos après le bain. La dernière est une étuve sèche dont la température est suffocante. Le baigneur n'y reste que peu de temps, et on le ramène bientôt dans la salle intermédiaire où il subit l'opération laborieuse du massage. Un Éthiopien d'un noir de jais, fait craquer les articulations du patient et lui racle la peau jusqu'au derme. Je n'ai jamais eu envie d'essayer de ces raffinements du bain oriental, mais je comprends qu'après ce violent exercice, le repos dans la première salle devienne un indicible plaisir.

Étendus sur de moelleux divans, les Turcs s'abandonnent au charme du narghilé, et le moka brûlant fait passer devant leurs yeux les visions indécises du rêve.

Voilà toute la vie extérieure des Turcs : le bazar et les bains. Les affaires et les plaisirs, toute leur activité se concentre là. Le Turc farouche, compagnon d'Omar et d'Abou-Bekr, portant d'une main l'étendard du Prophète et le glaive de l'autre, n'existe plus à Constantinople. La période de l'invasion, écoulée depuis longtemps, a fait place à une torpeur sociale qui compromet la vie de ce peuple. La mollesse asiatique l'énerve, et les vieilles institutions du fanatisme ottoman disparaissent une à une.

C'est au cœur de Stamboul qu'il faut aller pour en retrouver encore les traces. Le Vieux Sérail mérite sous ce point de vue une mention particulière. C'est un amas de constructions clairsemées au milieu de bosquets qui descendent jusqu'au Bosphore et qui forment la Pointe du Sérail. Il est ceint de murs qui iraient mieux à une forteresse. Mais en Turquie, le harem du Grand-Seigneur était entouré de toutes les précautions d'un despotisme jaloux. Ainsi, on remarque que les bosquets sont surtout plantés d'arbres verts dont le feuillage persistant devait, en toute saison, dérober la vue des sultanes aux oisifs de Galata. L'Eski-Séraï occupe un espace considérable; il contenait les logements des fournisseurs et des gardes du Sultan, les habitations des principaux dignitaires de l'empire, et le personnel immense du Harem. Tous ces édifices isolés et délabrés sont une image assez exacte de la constitution vermoulue de la Turquie. L'intérieur du palais est irrégulier et sans grandeur. Je cite seulement la salle où le Padischah donnait audience aux ambassadeurs. La porte en est fort basse; c'était, dit-on, pour obliger les ambassadeurs à faire la prostration d'usage en abordant le Grand-Seigneur. Cette salle était très-faiblement éclairée, et le Sultan demeurait dans le demi-jour mystérieux qui, chez les peuples orientaux, doit envelopper le Pouvoir. Aujourd'hui le Sultan se prodigue davantage, et le jour de la prière, le vendredi, on peut le voir se rendre à la mosquée dans son kaïk doré à vingt-quatre rameurs, ou, à cheval au milieu d'un brillant cortége, promener sa personne mélancolique et ennuyée.

Le Vieux Sérail a deux enceintes de murs. La porte de l'enceinte intérieure, près de laquelle on voit un mortier de marbre qui a servi à piler un muphti infidèle au koran, est surmontée de créneaux et de tourelles qui lui donnent un aspect féodal. Elle est précédée d'une vaste place sur laquelle fait saillie l'ancienne église de Ste-Irène, transformée aujourd'hui en arsenal et en musée. On y voit de beaux sarcophages en porphyre rouge et des armes historiques dignes de fixer l'attention. Le sabre de Mahomet II et le cimeterre de Scander-Bey dorment dans le fourreau à côté l'un de l'autre.

La porte extérieure du Sérail s'ouvre sur cette place de Ste-Sophie où se trouve la charmante fontaine de Sultan-Sélim. Cette porte appelée Babi-Humayoun, Porte Ottomane, est une construction massive dont les ogives sévères ne manquent pas de grandeur. De chaque côté sont creusées, dans le mur, des niches où on exposait jadis les têtes des suppliciés. Celles des Janissaires, dont on voit non loin de là les casernes en ruines, ont été les dernières. C'est en 1826, que Mahmoud extermina cette milice turbulente qui gênait l'action du pouvoir et disposait parfois de l'empire. S'il a assuré ainsi l'indépendance des sultans et abattu le fanatisme ennemi des innovations, ne faut-il pas regretter le moyen barbare qui a commencé l'œuvre civilisatrice en Turquie? Mais un peuple se souvient toujours de ses origines, et de tout temps le sabre a été chez les Turcs le dernier argument et l'expression suprême du droit.

A côté de ces souvenirs de l'histoire de la Turquie, il convient de placer ceux des Grecs du Bas-Empire. Près de Ste-Sophie, le seul de leurs monuments qui ait conservé son ancienne splendeur, on voit les restes de l'Hippodrome. C'est là que s'agitaient ces sanglantes factions des Verts et des Bleus, qui, pour une question de prééminence de cochers, mettaient en péril le Bas-Empire. Cette place a conservé son ancienne destination, et les icoglans du Grand-Seigneur venaient y courir le djérid. Son nom actuel, Atméidan, est aussi la traduction littérale du mot hippodrome. L'arête qui en marquait le milieu et autour de laquelle les chars se disputaient la victoire, n'existe plus; mais sa place est indiquée par trois monuments encore debout : un obélisque égyptien dressé sur un piédestal à bas-reliefs frustes, un autre obélisque qui n'était pas monolithe comme celui-ci et dont les revêtements de marbre ont disparu, et, entre les deux, une colonne de bronze formée de trois serpents enlacés. La tradition veut qu'elle ait supporté à Delphes le trépied fatidique d'Apollon, et que, d'un seul coup de son cimeterre, Mahomet II ait décapité ces serpents dont les têtes formaient chapiteau. Bien qu'il ne soit comparativement que d'hier, le souvenir de ce prince est déjà entouré de merveilleux, et les Turcs lui attribuent mille faits d'armes étonnants : c'est qu'il personifie la grande invasion musulmane, et que son sabre tient lieu en Turquie de traditions antérieures.

Non loin de l'hippodrome, s'élève au milieu d'un quartier désert cette colonne de porphyre rouge qu'on appelle *brulée*, et que Constantin fit ériger en l'honneur de sa mère Sainte Hélène. C'est une noble et belle ruine. Sur les hauteurs de la moderne Stamboul qui occupe l'emplacement de Byzance, on rencontre aussi des citernes et des aqueducs; leur grand nombre et leurs vastes proportions indiquent le soin que les Byzantins apportaient à l'entretien des fontaines de la ville impériale. Quelques-unes de ces citernes, nommées basiliques, — royales, — servaient exclusivement à l'usage du palais; les autres, d'un usage public, s'appelaient philoxènes, et témoignaient de l'hospitalité offerte aux étrangers qui devaient comme aujourd'hui affluer à Constantinople. Celle dite des mille-et-une colonnes est une des plus intéressantes à visiter. C'est un souterrain immense tout peuplé de colonnes dont on ne peut apprécier la hauteur, leurs bases et sans doute une portion considérable du fût étant enfouies sous les décombres. Des arcs en briques retombent sur des chapiteaux cubiques et encadrent de petites coupoles percées de distance en distance par des soupiraux. Une lumière blafarde descend des voûtes et éclaire faiblement les peigneurs de chanvre et les cordiers qui se sont établis en ce lieu. Si ce n'était cette population hâve, ce jour douteux et cette atmosphère malsaine, on se croirait transporté dans quelque palais magique; et cette perspective sans fin de colonnes pareilles reproduit en réalité l'impression de ces rêves qui multiplient à l'infini la même forme, la même vision.

Une autre citerne due à Valens et appelée par les Turcs palais de dessous terre, Yeribatan-Seraï, est construite sur le même plan. Mais l'eau la remplit encore, — une eau noirâtre qu'on voit miroiter vaguement sous les sombres arcades. Les colonnes de marbre verdies baignent presque jusqu'au chapiteau, et le peu de fût qui émerge fait pressentir la profondeur de l'abîme. On éprouve un sentiment de répulsion et de vertige à la vue de ce gouffre ténébreux, et l'imagination orientale a bien fait de le peupler de djinns et de goules.

Les anciens remparts de Byzance sont encore en certains endroits remarquables par leur conservation. On y voit des arcades à plein cintre qui témoignent de l'époque de leur construction. Ailleurs, des pans de murs sont renversés, et une végétation abondante a poussé parmi les ruines. Ce sont là les brèches faites par les canons de Mahomet II lors de la prise de Constantinople. Les Turcs ne les ont pas fermées, car ils ne réparent pas ce qui tombe en ruines. « Si jamais, dit M. Michaud, les Chrétiens rentraient victorieux dans la cité de Constantin, ils pourraient passer par les brèches qu'avait faites l'artillerie des Turcs, et trouveraient les remparts, les tours et les portes de la ville telles qu'elles étaient au jour de la conquête des Barbares. »

De vieux murs, des citernes, quelques colonnes, voilà tout ce qui reste des monuments de la ville de Constantin. En présence de ces souvenirs d'une civilisation qui n'est plus, et au sein d'une société déjà décrépite, on est porté à se demander quel est l'avenir réservé à Constantinople. Par sa position au centre du monde et à la jonction des continents, cette ville a été appelée à être formée d'éléments divers et à subir toutes les invasions. Aussi, la population de la Turquie est loin d'être homogène; toutes les races humaines s'y sont donné rendez-vous, et chacune d'elles y a introduit sa religion, ses mœurs, ses tendances. C'est donc surtout à des causes géographiques qu'il faut rapporter l'action désastreuse en Turquie de cet individualisme qui est aussi la plaie actuelle de nos sociétés modernes, où il est entré par la divergence des idées. Mais si la cause est diverse, le résultat est identique ; et ce résultat n'est autre que la décomposition. Dans la période byzantine, Constantinople vit surgir presque toutes les doctrines nouvelles, les schismes et les hérésies, amenés par des intérêts d'écoles ou de peuples, et Photius ne fut qu'un Luther anticipé. Le fanatisme musulman vint redonner un peu de chaleur à ce corps épuisé, mais une chaleur factice. D'ailleurs, ce grand ressort de la puissance ottomane a disparu du jour où le Sultan Mahmoud a réduit les Janissaires et supprimé le droit de veto du Cheick-ul-Islam. Privé de son fanatisme et par là de sa force, le mahométisme ressemble à ces vieux remparts de Constantinople, crevassés de brèches profondes et exposés aux surprises de l'ennemi.

La Turquie est donc dans cette alternative de périr ou de se reconstituer en prenant rang par la civilisation parmi les puissances de l'Europe. Mais si la civilisation n'amenait que des éléments corrompus, elle ne ferait qu'introduire un germe de dissolution de plus, et hâterait la chute de cet empire. La civilisation véritable, celle de l'Évangile, peut seule conjurer le péril, parce qu'elle porte en elle la vie et qu'elle est un principe d'unité.

Cette espérance d'avenir est renfermée tout entière dans les établissements religieux de Constantinople. Il paraît d'abord étrange qu'il en existe au sein même du mahométisme ; mais les Turcs ont de leur religion un sentiment profond qu'ils respectent dans les autres croyances ; ils tolèrent volontiers chez les autres ce qu'ils éprouvent eux-mêmes. Quelques-uns de ces couvents sont antérieurs à l'invasion musulmane, et ils ont conservé au sein d'une société barbare le dépôt de cette foi qui doit la transformer lorsque le temps en sera venu. Aux religieux de ces anciennes fondations se sont joints de nos jours des auxiliaires nouveaux. Les Lazaristes dirigent à Constantinople plusieurs établissements d'éducation : ils possèdent à fond la connaissance de l'Orient, de sa langue, de ses mœurs et de ses besoins, et ils contribueront puissamment à sa régénération. De concert avec eux, les Frères de la Doctrine chrétienne combattent l'ignorance et le fanatisme par l'instruction et le dévouement. Les Sœurs de Charité ont ouvert aussi des écoles et des hôpitaux où elles préparent l'émancipation des femmes par la contagion chrétienne de leurs vertus. On dit même que leur influence a déjà franchi le seuil des harems. Une visite à leurs écoles est du plus haut intérêt : les classes sont formées de jeunes filles de toutes nationalités et de toutes religions. Franques, Turques, Grecques, Arméniennes, Juives, elles représentent la société musulmane, et bien qu'elles doivent, en y rentrant, conserver leurs croyances et leurs cultes, elles feront pénétrer dans son sein les principes rénovateurs qu'elles reçoivent dans leur éducation. Ne faut-il pas ajouter que la France, répondant à sa mission providentielle en Orient, est l'âme de ce mouvement, et que, dans un pays où les idées comme les mots manquent à de nouveaux besoins, c'est notre langue que Dieu a choisie pour être l'interprète de la vérité? Enfin, les Turcs ont pu juger la civilisation chrétienne, moins encore par l'héroïsme désintéressé de nos soldats que par la présence au milieu d'eux des Sœurs de Charité. — Il n'en faut pas douter : le dévouement est le meilleur des prosélytismes, et l'avenir de Constantinople est dans les établissements religieux qu'il renferme. Il y a là des leçons et des exemples qui ne seront pas perdus pour la régénération de la Turquie.

XVIII

Départ de Constantinople. — Smyrne. — Homère et le brigand Katerdji. — Syra. — Costume albanais. — *Timeo Danaos.* — Promontoire de Sunium. — Le Pyrée. — Arrivée à Athènes.

On se lasse vite de Constantinople; cette ville n'a rien qui puisse retenir longtemps, et son panorama splendide fait place à de nombreuses désillusions pour qui l'a habitée quelques jours. Ce n'est point sur les rives du Bosphore que j'aimerais à cueillir cette fleur du lotus qui fit perdre le souvenir d'Ithaque aux compagnons d'Ulysse; il serait plus doux de s'oublier dans une de ces villes privilégiées qu'on appelle Florence, Rome ou Athènes; là, le charme souverain de l'art, cet épanouissement sur la terre de la beauté infinie, calme le mal du pays en faisant rêver du ciel, la commune patrie. Mais à Constantinople l'âme est dans un milieu terre-à-terre qui la désenchante bientôt et lui communique une incurable nostalgie. Aussi, est-ce sans regrets que je quitte Stamboul, le 31 octobre, au coucher du soleil. Pourtant, le panorama du Bosphore déploie tous ses enchantements, et les dentelures des minarets se détachent sur un ciel où la lumière étincelle. Mais dans ce tableau, je préfère le fond aux premiers plans : c'est que ceux-ci sont l'œuvre de l'homme, tandis que la palette des cieux est faite de couleurs dont l'homme n'a pas le secret; et, comme le dit le poëte des Orientales,

Les yeux plongent plus loin que le monde réel.

Je suis à bord du vapeur autrichien l'*Adria*, un des navires de cette puissante compagnie du Lloyd qui de Trieste envoie ses soixante paquebots sur tous les points de l'Adriatique, de la Méditerranée et de la Mer Noire. Je laisse à Constantinople un grand nombre de mes compagnons de voyage qui veulent y faire un plus long séjour. Deux d'entre eux seulement m'accompagnent à Athènes, MM. l'abbé Langenieux et Ch. Retournard. Si notre nombre est devenu plus restreint, notre intimité va se resserrer davantage, et ces jours de voyage à trois doivent me laisser de précieux souvenirs.

Favorisée par le vent du nord notre marche est rapide. Le 1er octobre, nous franchissons les Dardanelles, et nous nous retrouvons en vue des côtes de Troie. C'est en face des bords illustrés par les héros d'Homère, que nous célébrons la fête de tous les Saints; un autel est improvisé dans une cabine, et l'auguste sacrifice est offert entre les deux immensités du ciel et de l'onde.

Nous passons la journée du lendemain à Smyrne. Je revois avec plaisir cette ville hospitalière, que le couvent latin, les établissements des Sœurs de Charité, la maison des Lazaristes et la cordialité des membres de la Conférence de St-Vincent-de-Paul, rendent si éminemment française. Le quartier franc participe aussi à notre activité commerciale, et on sait que Smyrne et Marseille, sœurs d'origine, ont des rapports importants d'affaires. Ici les nationalités sont encore plus séparées qu'à Constantinople. Lorsqu'un Franc se rend dans le quartier turc, il dit qu'il va en Turquie, comme s'il franchissait la limite d'un empire distinct. La célèbre rue des Roses est la demeure des élégantes arméniennes, qu'on voit le soir s'épanouir à leurs balcons dans tout l'éclat de leur fière beauté. La rue des Roses conduit au pont des Caravanes, jeté sur le Mélès ; c'est sur les bords charmants de ce ruisseau qu'Homère aurait vu le jour. Je sais bien que des savants ont contesté au Mélès de Smyrne son identité ; mais je croirais volontiers que cette opinion qu'ils ont acceptée trop facilement, n'est que l'écho d'un bruit répandu par les autres villes de l'Archipel, qui disputent à Smyrne la gloire d'être la patrie d'Homère.

Depuis les temps homériques, les illustrations de Smyrne ont bien changé. Il n'était bruit, à mon passage, que d'un certain Katerdji, chef d'une bande de brigands, dont on venait de faire récemment la capture. Cet audacieux et indigne compatriote du chantre de l'Iliade, avait pris l'habitude d'enlever les riches Smyrniotes qui venaient se délasser dans leurs maisons de plaisance de Bournabat — un faubourg très-rapproché de Smyrne. Il taxait la rançon du prisonnier à une somme proportionnée à sa fortune. La famille du détenu n'obtempérait-elle pas promptement à l'injonction, Katerdji lui envoyait, comme sommation de payer, une des oreilles du malheureux captif. Si cet avertissement trop significatif ne produisait pas son effet, la menace contenue dans l'envoi de l'échantillon s'accomplissait sans pitié, et la tête venait un jour rejoindre l'oreille. On comprend la joie des Smyrniotes à la capture de cet incommode industriel. Malheureusement pour eux, si on a prétendu qu'Homère n'était qu'un mythe, le prête-nom d'une pléiade de rapsodes, à plus forte raison ne peut-on pas dire que Katerdji n'est pas un homme, mais un peuple, et que le brigand supprimé aura, dans sa nation, des héritiers de sa sanglante industrie?

Telles étaient mes réflexions en retournant à bord de l'*Adria*. Pourtant, au moment où je quitte la terre de l'Asie, si je règle mes comptes avec les orientaux, je trouve qu'ils ont été bien hospitaliers pour moi. Un coup de poing reçu et rendu, mes pistolets volés, ce n'est vraiment pas trop pour un séjour de trois mois dans la patrie de Katerdji et du ravisseur Pâris.

Adieu donc à la côte d'Asie! Déjà les brumes du soir et l'éloignement effacent les contours des montagnes qui forment le golfe de Smyrne, et l'*Adria* vogue rapidement dans l'Archipel. Sa coque légère bondit sur les vagues émues comme sur une escarpolette. Nos paquebots français, plus carrément construits, tiennent mieux la mer et protégent davantage les passagers contre le singulier malaise que produit le balancement du navire.

Nous apercevons l'île de Délos, noyée dans la vapeur transparente d'un beau soleil de midi. Le ciel toujours pur de la Grèce lui prête un éclat qui dément la sombre réputation de Novembre, et je comprends que la religion des Mythes ait placé là la naissance de Phœbus-Apollon.

On est bientôt en vue de Syra. L'aspect de la ville est des plus bizarres. Sur un fond de montagnes pelées se détache un triangle de maisons étincelantes de blancheur; c'est un peu la physionomie d'Alger. La pointe du triangle est formée par l'ancienne Syra, la ville des catholiques, et terminée par le clocher de leur église. La ville basse s'étage sur le coteau qui longe le port. Elle est occupée par les Grecs schismatiques, qui, pendant la guerre de l'indépendance, vinrent s'y réfugier de tous les points de l'Archipel. Ils ont créé une ville nouvelle qui, sur un sol ingrat, a su conquérir le monopole du commerce de ces mers, et en devenir le centre. A part sa position pittoresque, Syra ne renferme rien de bien intéressant sous le double rapport des arts et de l'histoire : c'est une ville de négoce. Je lui dois cependant un bon souvenir : j'y ai trouvé des lettres de France. En voyage, c'est la poste qui représente la patrie absente.

Revenu à notre bord, nous le trouvons envahi par une nouvelle population et par de nouveaux costumes. Ce sont des Grecs dont la physionomie accentuée fortement rappelle plutôt le type turc que celui de l'Apollon du Belvédère. C'est ainsi que les nationalités s'effacent et qu'un long esclavage impose à un peuple quelques-uns des traits distinctifs de ses oppresseurs. Leurs grands yeux noirs, qui semblent embrasser une aire plus vaste que les nôtres, rappellent seuls le type caractéristique de la Minerve des premières monnaies d'Athènes, l'œil de face dans la tête de profil.

Du reste, ils sont charmants dans leur costume moderne : la fustanelle blanche, espèce de jupon court à mille plis, serre leur taille de guêpe ; leurs guêtres rouges sont attachées au-dessus du genou par des houppes de soie ; ils portent une veste ouverte dont les manches pendent aux épaules, tout cela surchargé de soutaches d'or et de broderies délicates. Il faut voir ces Grecs, la jambe tendue, la tête en l'air et les moustaches retroussées, se promener sur le tillac et faire parade des mouvements élégants que leur démarche pimpante communique à leur fustanelle. A la richesse de leur costume, nous prenons d'abord ces nouveaux passagers pour d'éminents hellènes ; sans doute ils appartiennent aux premières familles de la Grèce. Un d'entre eux nous adresse la parole en français très-passable, et quel n'est pas notre étonnement, lorsqu'il nous remet l'adresse d'un *Xénodochion* d'Athènes ! Ces beaux Grecs si fringants ne sont que des maîtres d'hôtel qui viennent jusqu'à Syra au-devant des passagers. Puisqu'après tout nous ne pourrons pas dormir à la belle étoile sur l'Acropole, et que la vue du Parthénon ne peut nous tenir lieu de repas, nous faisons notre choix, non sans arrêter en détail nos conventions pour notre séjour à Athènes. Nous nous défions des promesses des Grecs, et je puis ajouter: *et dona ferentes*, car ils nous offrent des arrhes pour s'assurer de nos personnes. Malgré nos précautions, leur mauvaise foi saura bien mériter à notre égard la réputation traditionnelle qui les faisait déjà redouter du temps de Laocoon. Cependant, Dimitri, notre futur hôte, ne nous paraît pas aussi perfide que Sinon; il sait même gagner nos bonnes grâces en nous parlant du miel du mont Hymette et du vin résiné qui font partie du menu qui nous attend.

Pendant que nous nous occupons des tristes soins du corps, qui en voyage deviennent un mortel ennui, nous apercevons une montagne abrupte qui s'élève majestueusement du sein des flots. Bien que séparés d'elle par une assez grande distance, nous voyons des colonnes couronner sa cime. Salut à la Grèce! Elle commence vraiment ici, et c'est le promontoire de Sunium! C'est là, sur les degrés du temple de Minerve, en face de l'horizon infini des mers, que Platon venait discourir sur l'immortalité de l'âme. Illustre souvenir! Après vingt-deux siècles, le cap Colonne semble encore rayonner de la gloire du plus grand génie de l'antiquité. L'immortalité de son nom a survécu aux temples des dieux, et a fait de cette montagne de Sunium un phare divin qui éclaire la route de l'humanité.

Voici l'Hymette. Sa vaste croupe suit la ligne du rivage, et vient se fondre dans une plaine où surgissent quelques collines en forme de cônes. La plus petite de ces éminences offre confusément à la vue une plateforme encombrée d'édifices; c'est l'Acropole, et Athènes est à ses pieds. Le mont Pentéli forme le fond du tableau. On commence à distinguer les maisons du Pyrée; Salamine est devant nous, et Égine un peu à gauche. Ce sont ces doux noms de Grèce que nos premières études nous ont appris à bégayer en même temps que ceux de Jérusalem et de Rome. Aussi, lorsqu'on me désigne du doigt ces lieux fameux, il me semble les reconnaître, et les souvenirs de l'histoire de la Grèce reviennent à ma mémoire, escortés de ceux de mon enfance.

Enfin, l'*Adria* jette l'ancre dans le port

du Pyrée. C'est une ville moderne et qui n'offre rien de saillant. J'éprouve toutefois un vrai plaisir à retrouver des voitures, luxe inconnu en Orient. Une route macadamisée conduit en une demi-heure à Athènes. Elle traverse des bosquets d'oliviers, avenue digne de la cité de Minerve; on pourrait seulement désirer à ces arbres une taille plus élancée et une verdure plus vive dans les lieux où la fable place leur origine. Je n'aperçois aucune trace des murs que fit construire Périclès pour relier Athènes aux trois ports de Phalère, de Munychie et du Pyrée. Un pli du terrain dérobe encore la ville à nos yeux; il est bientôt franchi et l'Acropole est devant nous.

XIX

L'Acropole. — Les Propylées. — Le Parthénon. — L'art grec et l'art ogival. — Lord Elgin. — Temples de Neptune Erechthée, de Minerve Poliade, de Pandrose, de la Victoire Aptère. — Monuments romains. — Temple de Thésée. — L'Aréopage. — Saint Paul et Socrate. — Pnyx. — Vue générale du haut de la colline de Musée.

Ce n'est pas sans une certaine émotion qu'on gravit les escarpements de l'Acropole. Les lieux que l'on traverse sont tous marqués du nom des grands hommes de l'antiquité. On éprouve aussi cette préoccupation qui précède ordinairement la première vue d'une œuvre d'art dont on a beaucoup entendu parler. Y aura-t-il déception, ou le Parthénon répondra-t-il à sa réputation? Il faut alors appliquer à l'art le doute philosophique, et s'isolant de toute prévention préconçue, se préparer à garder l'impassibilité de son jugement.

C'est dans cette disposition d'esprit, que je franchis la petite porte qui donne accès sur l'Acropole. Elle nous est ouverte par quelques invalides auxquels le roi Othon a confié la garde des monuments. Ce sont des ruines qui gardent des ruines. La vue de ces conducteurs écloppés, revêtus d'un semblant d'uniforme militaire, me rappelle la destination fatale à laquelle les guerres, qui à toutes les époques ont ravagé la Grèce, avaient condamné l'Acropole. Le malheur des temps en avait fait une citadelle ; ses temples, qui étaient construits pour durer plus longtemps que les dieux qu'on y adorait et qui semblaient défier les siècles, ont subi tous les outrages de la destruction. Sous la domination turque, le Parthénon avait été converti en poudrière; il était encore presque intact, lorsqu'en 1687, une bombe partie du camp vénitien détermina une explosion qui le disloqua en deux. Les boulets turcs qu'on heurte encore à chaque pas, ont crevassé les murs, rompu les architraves, mutilé les bas-reliefs, renversé les corniches. Et, j'aurais quelque hésitation à l'avouer, si le récent siège de Rome n'avait prouvé que les Français savent protéger les arts au milieu des combats, le général Fabvier, lors de la guerre de l'indépendance, faisait tailler des boulets dans le marbre des colonnes du Parthénon. Les tremblements de terre ont joint leurs ravages à ceux de la guerre, et ont compromis la solidité ou l'harmonie des édifices. Et comme si ce n'était point assez de tant d'infortunes, le vandalisme des spoliateurs a porté le dernier coup aux monuments du siècle de Périclès. Le sol de l'Acropole est jonché de débris, et les invalides qui nous conduisent ont pu sans peine se construire une habitation avec des fragments de sculptures et des marbres précieux.

Les Propylées, ancienne entrée principale de l'Acropole, ont une grandeur qui répond bien à ce qu'on attend. Ce sont de vastes marches qui conduisent à un portique ouvert, flanqué de deux ailes en retour. La plupart des colonnes n'ont que la moitié de leur hauteur, mais par ce qui reste on juge bien de la disposition de l'ensemble. Cet édifice a été transformé en musée ; on y a rassemblé des sculptures, des bustes et une collection curieuse de palmettes et d'antéfixes. L'affreuse tour massive et carrée, bâtie par les Vénitiens, s'élève au-dessus des Propylées comme un vieux burg des bords du Rhin. Une pareille construction est une injure au ciel toujours pur de la Grèce, et sa présence blesse désagréablement la vue à côté de l'édifice de Mnésiclès. D'autres constructions parasites encombraient les Propylées : elles ont été déblayées, et on a mis à nu les degrés qui formaient l'avenue intérieure. Nos jeunes savants de l'école des beaux-arts d'Athènes, se sont fort occupés à retrouver l'escalier qui continuait celui qui est contenu dans l'enceinte actuelle des Propylées; mais leurs recherches n'ont pu aboutir encore qu'à des conjectures. La surélévation de l'escalier actuel au-dessus du sol extérieur me fait penser que des travaux ont dû être faits dans le moyen-âge, pour isoler l'Acropole comme citadelle et la rendre plus inaccessible. Dans ce cas, l'avenue aura dû disparaître par suite de l'abaissement du sol en cet endroit.

Au sortir des Propylées, on est en face du Parthénon. Le voilà, tel que l'ont fait les soldats de tous les temps et de tous les pays, les commotions volcaniques et lord Elgin!

Une large trouée est ouverte dans sa largeur, sa façade ne garde plus que quelques pierres du fronton, et la frise a perdu le plus grand nombre de ses métopes sculptées. A l'intérieur on ne voit plus que quelques assises de la cella où était placée cette statue chryséléphantine de Minerve, que MM. le duc de Luynes et Simart ont dernièrement reproduite d'après les documents historiques.

Il faut du temps pour s'habituer à cette désolation et pour ranimer ces ruines par la pensée. Aussi, je ne m'étonne pas que le Parthénon ne saisisse pas au premier aspect. Et même, lorsqu'on est arrivé à percevoir l'édifice tel qu'il devait être dans sa splendeur, on reste froid pendant un temps. Le sentiment qu'on éprouve d'abord est confus, et ressemble un peu à celui que fait naître la vue de la mer ou d'un paysage à horizons fuyants. C'est un beau abstrait qu'il faut analyser pour en découvrir la valeur, comme il faut contempler longtemps une toile de Raphaël ou écouter religieusement une antienne de Palestrina, pour se trouver à l'unisson du sentiment qu'elles doivent faire éprouver. Ce n'est qu'après un examen sérieux, mais qui captive toujours davantage, que le Parthénon se révèle par degrés. Comme la Pythonisse, qui s'écriait à l'approche de l'inspiration : *Deus, ecce Deus!* l'âme se sent étreindre par la force irrésistible du beau idéal. Alors le monument semble grandir et se transfigurer. C'est une véritable initiation qui ouvre à l'esprit des perspectives inconnues et le jette dans ce monde éthéré qu'illumine la clarté sereine de l'art.

On comprend, en face du Parthénon, que l'admiration arrive à l'enthousiasme ; mais à raison même de l'intensité de cette impression, on a le droit de l'approfondir et d'être plus sévère à son égard. J'oserai dire que l'art grec, dont le Parthénon est la plus haute expression, a pourtant un côté faible. Toutes les œuvres d'art portent en elles, quoique à des degrés inégaux, l'empreinte de cette beauté idéale qui fait remonter l'esprit jusqu'à Dieu, prototype du beau. Mais dans l'art grec cette réminiscence est trop confuse ; on s'arrête volontiers au nom de l'architecte ou du sculpteur, on se complaît dans la délicatesse un peu sensuelle des lignes et des contours : c'est un beau trop humain. Moins parfait peut-être comme travail et comme harmonie, l'art ogival a une autre portée et une autre profondeur. L'idée de Dieu réside vraiment sous les voûtes de nos cathédrales, et fait monter l'âme à des hauteurs sublimes. C'est que l'art du XIIIe siècle répond à une croyance pure, à des dogmes nettement définis alors même qu'ils dépassent la mesure de la raison humaine, et que là, le vrai et le beau se rencontrent dans une merveilleuse unité. Les temples grecs, au contraire, étaient le symbole d'une religion menteuse. Leurs dimensions sont exiguës parce que la foule n'entrait pas dans le sanctuaire, et qu'un petit nombre d'initiés pouvait seul y pénétrer ; leurs dehors sont embellis de tout le prestige des arts, parce qu'il n'y avait que les sens pour faire oublier le vide de vérité religieuse du paganisme ; et ce serait le sujet de s'étonner justement qu'une pareille religion ait pu amener les arts à une telle perfection, si on ne savait combien l'erreur a de ressources pour voiler par la beauté de la forme la nudité du fond.

Puis donc que j'ai mis en présence les deux

plus grandes manifestations historiques de la faculté esthétique, voici la part que je ferais à chacune d'elles. L'art ogival a une expression pénétrante qu'il doit à la parfaite concordance de l'idée avec la forme; c'est l'art spiritualiste par excellence. L'art grec a une beauté extérieure, une recherche exquise de l'harmonie ; c'est aussi un art spiritualiste, mais qui s'attarde un peu dans le domaine des sens. Le premier est l'expression forte de la vérité ; le second, le symbole élégant de la plus poétique des erreurs. Cette réserve sur l'essence des deux arts une fois posée, j'admets sans restriction que le Parthénon soit pour l'artiste un modèle achevé, un type parfait du beau architectonique.

Le monument d'Ictinus et de Callicrate, était ce que les Grecs nommaient octastyle — à huit colonnes de face. Sur les côtés, dix-sept colonnes formaient un péristyle couvert à l'entour du temple. L'édifice appartient à l'ordre dorique; l'ampleur et la majesté de ce style l'avait fait réserver aux dieux par les architectes de la Grèce. Croirait-on que ceux de nos jours l'ont employé à bâtir des théâtres et des halles ! Il faut peut-être en accuser notre époque, qui n'a pu encore créer une architecture originale, et qui en est réduite à l'archaïsme et aux pastiches; mais, du moins, doit-on blâmer les emprunts qui d'une imitation font une caricature.

Mais quel blâme assez énergique peut-on infliger aux spoliateurs de monuments tels que le Parthénon? Ravir au temple de Minerve les frises où Phidias avait sculpté les Panathénées, découronner le Parthénon d'une des productions les plus éminentes de l'art grec, c'est plus qu'une spoliation, c'est une barbarie! Je sais bien que le déplacement des œuvres d'art suit souvent le déplacement des civilisations, et je comprends que M. de Rivière ait doté la France de cette Vénus de Milo tant admirée et si digne de l'être. Mais la Vénus de Milo était une œuvre isolée, et elle a perdu seulement ce ciel si pur de la Grèce, qui était pour elle un fond bien préférable aux tentures rouges du Louvre. Mais le Parthénon! le scinder en deux parts, l'une qui reste sur le sol de la Grèce, l'autre qui va s'enfouir dans les brumes de Londres, est-ce là de l'amour de l'art? ou n'est-ce pas plutôt du vandalisme? Il est vrai que lord

Elgin a gratifié d'une horloge la ville d'Athènes, et qu'il lui a envoyé les plâtres des frises qu'il avait emportées. — O Phidias ! auriez-vous pensé qu'un étranger, un barbare du nord, non content de ravir au temple de Minerve vos marbres sacrés, vous ferait encore l'outrage de laisser en place une copie servile et inanimée de votre œuvre ! — Aujourd'hui ces plâtres sont relégués dans une salle au pied de l'Acropole ; et le gardien ne les montre pas sans laisser poindre un certain sentiment de fierté nationale blessée.

A côté du Parthénon se trouve un groupe de trois monuments juxtaposés, les temples de Neptune Erechthée et de Minerve Poliade, et le monument dédié à Pandrose, fille de Cécrops. Les temples sont construits au lieu où Minerve, aspirant en même temps que Neptune à donner son nom à la ville nouvelle, fit sortir de terre l'olivier, symbole de la richesse agricole de ce pays. Lorsque plus tard, les Athéniens se furent aussi adonnés au commerce, ils élevèrent des autels jumeaux aux deux divinités protectrices de la cité. Ces monuments ont des proportions exiguës, mais ce sont de vrais bijoux d'art.

L'architecte a employé ici l'ordre ionique. Rien ne peut rendre la pureté exquise des profils, la finesse des colonnes cannelées, la grâce un peu prétentieuse des volutes qui ressemblent à des torsades de cheveux noirs sur une tempe délicate. Ces temples donnent bien la mesure des différences qui séparent l'art grec de l'art romain. A Rome, les architectes procèdent par grandes masses; leurs moulures trapues impriment à leurs monuments un caractère de force et de grandeur. Cet art puissant produit le Colysée et les Thermes de Caracalla, le pont du Gard et le théâtre d'Orange. Sur l'Acropole, la légèreté extrême des contours, la finesse des détails révèlent un autre art pour lequel le mot d'atticisme semble avoir été inventé exprès.

Mais que dire de l'élégance suprême du Pandrosium ? Ici, les mots manquent à l'admiration. Ce petit monument dont la destination ne ressort pas clairement, est adossé à un des murs latéraux de l'Erechtheium. C'est une sorte de tribune, où huit cariatides placées sur un piédestal continu soutenaient une architrave. De ces huit statues, une a disparu avec d'autres chefs-d'œuvre, et une autre a été ravie par lord Elgin. Après que ce dernier acte de spoliation eut été accompli, la vindicte de l'opinion publique inscrivait sur le monument ces mots: *Opus Phidiæ*, et au-dessous de la place restée vide ceux-ci: *Opus Elgin*. Hâtons-nous de dire pour nous consoler de ce rapt, que le monument a été l'objet d'une restauration intelligente, et que c'est à un résident français, M. Piscatory, qu'on la doit. L'origine de ces statues ne manque pas d'intérêt. On raconte que Phidias voyant emmener en esclavage des femmes de Caria, les mains liées derrière le dos et des corbeilles sur la tête, eût l'idée de les reproduire au monument de Pandrose. Delà vient le nom de Cariatides qui leur fut donné. La majesté contenue de ces statues, la force de leur attitude, et en même temps la grâce touchante de leurs traits et de leurs ajustements font penser involontairement à un autre grand artiste de la Grèce; et le nom de Sophocle semble errer du Pandrosium au bourg de Colonne qu'on aperçoit au loin. Chez le sculpteur et chez le poëte, c'est la même grandeur saisissante, la même onction dramatique; et il n'est pas étonnant que la simultanéité d'impressions et de mœurs n'ait éveillé dans leurs âmes des sympathies qui se sont traduites dans leurs œuvres.

On peut poursuivre ce rapprochement entre les arts et la littérature de la Grèce. Ainsi, la grandeur mystérieuse et un peu sévère du Parthénon, production de cet art dorien qui a laissé de si fortes traces de sa personnalité dans l'architecture et la musique, se rapproche du génie mâle et sombre du vieil Eschyle, et les temples d'Erechthée et de Minerve Poliade, dus à l'art de la molle Ionie, rappellent la grâce sentimentale et un peu maniérée d'Euripide.

Cette plate-forme de l'Acropole, qui n'a pas trois cents mètres dans son plus grand axe, contient encore un temple, celui de la Victoire Aptère. Il est situé à côté des Propylées et regarde la mer. C'est là qu'Ægée attendait le retour de Thésée, parti pour aller combattre le minotaure de Crète: lorsqu'il aperçut les voiles noires que Thésée lui avait promis de remplacer par des blanches s'il était victorieux, il courut se précipiter dans la mer qui a pris son nom. Les Athéniens élevèrent plus tard sur ce lieu un temple à la Victoire qu'ils appelèrent *sans ailes*, parce que l'oubli de Thésée, en retardant l'annonce de son triomphe, avait causé la mort d'Ægée. Ce petit temple est encore d'ordre ionique; ce style était sans doute réservé aux édifices à dimensions restreintes, parce qu'il comportait plus de finesse dans les détails. On voit çà et là des bas-reliefs épars sur le sol; ils devaient être vus de près, et ils sont très-peu saillants. Ceux du Parthénon, au contraire, qui devaient être vus de plus loin et décoraient un monument plus vaste, ont une saillie plus puissante et sont modelés en ronde bosse. Mais le sentiment de l'art est le même dans les uns et dans les autres. Je me rappelle surtout une Victoire, qui se baisse pour rattacher sa chaussure : impossible de rêver rien de plus suave que cette simple figure de Phidias.

Enfin, pour ne rien oublier, il faut mentionner la salle à l'extrémité nord de l'Acropole où le directeur des musées d'Athènes, M. Pittakis, a rassemblé des échantillons précieux des arts céramiques des Athéniens. Ils offrent l'élégance de formes qui distingue toutes les œuvres du siècle de Périclès, et complètent l'étude des monuments de l'Acropole.

Cette étude suffit pour apprécier l'art grec et lui assigner la plus haute valeur esthétique qu'il soit donné de concevoir. Aussi, la visite des autres monuments d'Athènes n'offre plus autant d'intérêt : les mêmes formes d'art ne se présentent guères plus qu'au temple de Thésée, et la plupart des autres monuments ne sont que des ruines informes ou des productions de l'art romain. Toutefois, une promenade aux environs d'Athènes, en suivant à peu près le circuit des processions des Panathénées, tire un intérêt très-grand de l'examen des emplacements célèbres de l'histoire d'Athènes.

En commençant cette course au sud de l'Acropole, on trouve d'abord adossés aux flancs du rocher l'Odéon d'Hérode Atticus et les ruines du théâtre de Bacchus. Un peu plus loin, on voit l'arc de triomphe sur lequel Hadrien fit graver ces mots : *Ce n'est plus ici la ville de Thésée, mais la ville d'Hadrien.* Cette prétentieuse inscription a eu tort; car les monuments romains d'Athènes pâlissent à côté de ceux de Périclès, et cette porte d'Hadrien surtout est d'un style incohérent et d'un goût douteux. Les ruines du temple de Jupiter Olympien qui se trouve à côté de l'arc d'Hadrien, et qui avait été achevé par cet empereur après avoir été commencé sous Pisistrate, ont du moins une certaine grandeur. Je ne parle pas de ses dimensions qui sont colossales. J'ai examiné de près le chapiteau d'une de ces colonnes renversée dernièrement par un ouragan : il se compose de deux tambours qui mesurent chacun près de deux mètres de hauteur. Malgré leurs dimensions et la richesse que leur prête l'ordre corinthien, ces ruines sont loin d'avoir l'aspect imposant du Parthénon. Au-dessus d'un groupe de colonnes on remarque un massif de constructions délabrées : ce nid d'aigles a servi d'habitation à un derviche, sorte de stylite musulman. A l'entour de ces belles ruines, s'étend une terrasse gazonnée où les jeunes Palicares viennent jouer à la palestre ; leurs ancêtres allaient aussi s'exercer aux jeux d'adresse dans le stade dont l'emplacement est à quelque distance, au bord de l'Illissus. Le fleuve consacré jadis aux Muses, n'est plus qu'un filet d'eau stagnante et bourbeuse. C'était encore dans cette partie d'Athènes qu'Aristote avait ouvert son école du Lycée.

Le chemin que suivaient les Panathénées, rentrait dans la ville par le quartier des Trépieds, ainsi nommé des trépieds de bronze qu'on suspendait aux maisons en l'honneur des dieux et en souvenir des victoires remportées aux combats de chant par chacune des dix tribus d'Athènes. L'organisation de ces concours rappelle celle des associations musicales qui existent aujourd'hui en Allemagne et de nos orphéons de France. Le monument choragique de Lysicrate fut érigé à l'occasion du prix de chant décerné à la tribu Acamantide; ce gracieux édicule, de forme ronde, est orné de colonnes corinthiennes, et remonte à la meilleure époque de l'art grec.

Ouvrage plus récent d'Andronicus, la Tour des Vents est un monument octogone, qui a aussi sa physionomie à part. Chacun de ses pans porte une large frise où sont sculptés les huit vents principaux; la corniche qui les termine pèche contre les règles par son peu de saillie; mais l'absence de larmier semble préméditée, tant elle fait valoir les angles de la tour et les reliefs des sculptures. La Tour des Vents était pourvue d'un gnomon et d'une horloge hydraulique, alimentée par un aqueduc dont on voit encore les restes; et un triton de bronze qui surmontait l'édifice, se mouvait suivant l'impulsion de l'air, indiquant le vent régnant.

Un peu plus loin, on rencontre la Porte du Marché vieux. Elle se compose de quatre colonnes doriques, que couronne un fronton à demi brisé. On lit encore sur de hauts piliers un décret de l'empereur Hadrien, qui réglementait la vente des mercuriales. Cette porte, comme les autres monuments d'Athènes, est construite en marbre pentélique, sur lequel le temps a imprimé une belle couleur chaude.

Un édifice qui fait plus d'honneur aux Romains, même à côté de l'Acropole, c'est le portique connu sous le nom de Stoa d'Hadrien. Qu'on se figure un mur nu et très-élevé au-devant duquel se dresse une rangée de colonnes entièrement dégagées. L'entablement seul vient se raccorder avec le mur, et les architraves motivées par les colonnes se projettent en ressauts hardis qui offrent de vives oppositions d'ombre et de lumière. Cette disposition si simple est du plus bel effet, et Rome n'a pas de monuments d'un plus grand style.

Pourtant la beauté du Stoa d'Hadrien pâlit à côté de celle du temple de Thésée. Ce diminutif du Parthénon qui, plus heureux que lui, est encore presque intact, est placé à l'entrée de la ville sur une éminence qui longe la route du Pyrée. Six colonnes de façade et treize sur les côtés entourent la cella d'un portique couvert. Le premier aspect rappelle la Maison Carrée de Nîmes, bien que le style de l'architecture soit différent. Ce sont, d'ailleurs, à peu près les mêmes proportions, et la même ordonnance générale. Mais la Maison Carrée est plus élégante, plus attique; elle répond à une civilisation plus avancée. Le temple de Thésée a un maintien plus grave et plus calme, comme il convient à la majesté du héros dont il porte le nom. Il a de plus sur la Maison Carrée l'avantage de paraître plus grand qu'il ne l'est réellement, avantage qu'il doit à l'absence presque complète d'ornements architectoniques. Seules,

les métopes ont reçu des sculptures. Mais le temple de Thésée ne le cède en rien au Parthénon, pour la perfection du travail : c'est a même finesse dans les cannelures des colonnes et la même harmonie de l'ensemble.

L'intérieur du temple a été converti en musée. M. Pittakis a eu l'heureuse idée d'y réunir des productions des divers âges de l'art grec. Un guerrier de Marathon en bas-relief, représente l'enfance de l'art. La roideur de l'attitude, le méplat prononcé des épaisseurs indiquent l'origine de la sculpture grecque et sa parenté avec celle de l'Égypte et de l'Assyrie. Transplanté en Grèce, l'art de l'Orient trouva une terre plus fertile et s'y développa en s'épurant. Une canéphore assez semblable à celles du Pandrosium et faite comme elles d'un jet, prouve les progrès rapides de l'art à Athènes. Deux bustes de femmes non terminés et à des degrés divers d'avancement, jettent un jour précieux sur les secrets du métier à cette époque reculée. Enfin, un groupe charmant de deux enfants modelés en ronde-bosse sur un cippe funéraire, m'a paru le type de la dernière période de l'art grec, celle où il a déjà subi l'influence romaine.

Une légère dépression de terrain sépare le temple de Thésée de la colline de l'Aréopage. Ce nom n'éveille plus seulement les souvenirs de l'antiquité profane, et ici le pèlerin doit reprendre le pas sur le touriste. A côté de la renommée du tribunal illustre qui siégeait en ce lieu, l'histoire de l'Église place un grand nom, celui de Saint Paul. C'est là que le docteur des Gentils vint porter la lumière de l'Évangile au milieu des ténèbres du paganisme; là, il apprit aux Athéniens que les idoles qu'ils adoraient et les temples qu'ils leur avaient bâtis, n'étaient que les vains chefs-d'œuvre de leur imagination; là enfin, fut proclamé ce Dieu inconnu auquel Athènes avait élevé des autels. Pourquoi faut-il que ce peuple inconstant et toujours épris de nouveautés, ait renié en partie l'enseignement du grand apôtre, et que le schisme ait altéré chez lui la pure lumière de l'Évangile? Le fanatisme musulman est aussi venu s'abattre sur cette colline célèbre, et on n'y trouve plus que les vestiges de l'église que les premiers chrétiens avaient érigée en l'honneur de Saint Denys. De l'Aréopage lui-même il ne reste plus, épars sur le sol, que les sièges massifs en marbre des membres de ce tribunal. Ils sont ronds dans un bloc carré; parfois un seul bloc en contient deux. J'ai souvent sous les yeux un tableau, représentant la prédication de Saint Paul dans l'Aréopage. Le peintre était versé dans la connaissance de l'antiquité ; il a eu l'heureuse idée d'introduire dans sa composition ces siéges imposants qui prêtent à la scène une certaine grandeur épique.

Voici, en face de l'emplacement de l'Aréopage, des chambres taillées dans le roc, que les traditions le plus accréditées s'accordent à regarder comme la prison de Socrate. C'est là que ce grand homme aurait bu la ciguë, et que se serait passée la scène sublime du Phédon. La doctrine de la spiritualité de l'âme et de son immortalité, laissée par Socrate comme un testament à ses disciples, l'accusation injuste d'Anytus et de Mélitus, et le supplice du juste innocent, ont une grande voix qui semble répondre à celle qui s'élève de la colline de l'Aréopage. Socrate a entrevu la vérité prêchée par Saint Paul, et

Platon son disciple a pressenti l'incarnation du Verbe et la rédemption des hommes. Socrate mourant martyr de ses doctrines religieuses a légué à son pays cette vague attente d'un Libérateur que Saint Paul lui a révélé.

Les souvenirs se pressent sur ce coin de terre privilégié : la colline voisine contient les restes de la tribune aux harangues, du haut de laquelle les Athéniens entendirent l'éloquente et énergique parole de Démosthènes. L'ancien pnyx de Pisistrate était tourné du côté de la mer, et l'orateur pouvait s'inspirer de la vue des flottes de la république. Les trente tyrans changèrent cette disposition, qu'ils regardaient comme dangereuse pour leur gouvernement, et de la tribune nouvelle l'orateur avait sous les yeux la plaine fertile qu'arrose le Céphise et des bois d'oliviers, image de la paix et symbole de la richesse agricole. Le pnyx, tel que l'établirent les trente tyrans est un vaste terre-plein semi-circulaire soutenu dans son périmètre par un mur d'appareil cyclopéen. Ce mur décrit un arc de cercle dont la corde est formée par un rocher taillé à pic. La tribune se compose d'une masse carrée prise dans ce rocher auquel elle est adossée, et de neuf degrés espacés de trois en trois par des paliers.

Une dernière colline, celle de Musée, dans les escarpements de laquelle est creusée la prison de Socrate, est plus élevée que celles qui l'environnent et porte à son sommet un petit monument romain. C'est le tombeau du Syrien Philopappus, qui fut gouverneur d'Athènes sous Trajan. Là, on est admirablement placé pour prendre une vue d'ensemble de la ville et des monuments, et pour jouir du panorama que forment les ruines de l'Acropole et les montagnes de l'Attique et du golfe d'Égine. Vers l'ouest, on aperçoit ces îles fameuses d'Égine et de Salamine, auxquelles les modernes Hellènes ont donné les noms barbares d'Enghia et de Coulouri, mais qui, du moins, ont conservé ce que les hommes n'ont pu leur ravir, la beauté de leurs profils et l'azur étincelant de la mer qui les enserre. Au nord, les montagnes qui forment l'isthme de Corynthe et celles de Mégare et d'Éleusis découpent le ciel. Au pied de la colline de Musée, l'Aréopage et le temple de Thésée forment un premier plan, au delà duquel la vue s'étend jusqu'au mont

Parnès en traversant la plaine où serpente le Céphise et où se trouvaient les jardins d'Académus, rendus célèbres par les enseignements de Platon. Du côté opposé à la mer, c'est l'Acropole couronnée de ses monuments comme du triple diadème de la divinité, de l'art et de l'histoire. La ville moderne se cache derrière ce mont illustre, un peu honteuse de répondre si mal à ces grands souvenirs. Le mont Anchesme élève sa tête bizarre au-dessus du Parthénon, et se détache sur le fond bleu du Pentéli. Enfin, l'Hymette déploie ses premiers contre-forts derrière la colonnade du temple de Jupiter, et vient baigner ses pentes douces dans la mer transparente. — J'avais sous les yeux un des plus beaux spectacles qu'on puisse rêver. Chaque rocher portait son monument, chaque montagne avait son histoire. J'évoquais tour à tour les noms illustres qui semblent planer sur ces lieux. A la grandeur des souvenirs, se joignait le charme souverain de la nature. Je ne me lassais pas d'admirer ce tableau ravissant auquel la pureté du ciel, la beauté des horizons prêtent la touche achevée des paysages de Poussin ou de

Claude Gelée. On comprend la perfection de l'art grec en voyant quelle admirable nature il a suivi pour modèle, et on sent, du haut de la colline de Musée, que la Grèce est encore aujourd'hui la terre de la poésie.

XX

Mœurs des Athéniens. — Gouvernement. — Le roi Othon. — La ville moderne. — Le Clergé grec. — Les églises byzantines. — Avenir de la Grèce.

Il existe des rapports frappants entre la configuration du sol et les mœurs des populations ou les événements de leur histoire, et l'aspect des lieux indique souvent le caractère d'une nation, de même que la physionomie d'un homme porte l'empreinte de ses passions. Ainsi les montagnards, constamment en présence d'un horizon étroit et fortement caractérisé, s'attachent davantage à leur pays; au contraire, la Hollande, l'Angleterre, la Grèce, contrées découpées par la mer ou sillonnées de canaux, devaient produire des marins et des commerçants. Venise est la ville du mystère; Florence, le jardin de l'art, et les lignes de l'Agro Romano, qui forment les plus beaux horizons du monde entier, répondent à la grandeur de la ville éternelle.

Les paysages de l'Attique reflètent aussi les mœurs et l'histoire de cette contrée. Les montagnes d'Athènes, soit qu'elles offrent des pentes douces, soit qu'elles affectent des formes abruptes et escarpées, ont une variété dans les plans, une diversité dans les aspects qui font changer le paysage presque à chaque pas. Elles sont aussi baignées dans une lumière transparente qui en accuse tous les accidents et qui fait valoir les relations de distance et de perspective. Cette mobilité des plans et cette beauté des effets des montagnes de l'Attique leur donne, si je puis dire, un air intelligent, et on peut sans trop d'effort, reconnaître dans ce double aspect la versatilité et la finesse des Grecs.

D'un autre côté, on retrouve ces caractères dans leur histoire. Brillante sous Périclès et sous Hadrien, saccagée par Xerxès, Sylla et Alaric, Athènes a subi toutes les formes de gouvernement: monarchie dans les premiers temps; république sous les Archontes; province romaine; soumise à Byzance; duché du temps des Croisades; vassale des Turcs;

constitutionnelle sous Othon, elle a eu les fortunes les plus diverses. Aujourd'hui, les Athéniens ont le bonheur de posséder une chambre des députés et un sénat. Mais, faut-il le dire? ils ne sont pas mûrs pour la liberté. Ils subissent la conséquence de quatre siècles d'esclavage, et l'esprit public ne s'est pas encore réveillé chez eux. Les phil-hellènes de 1827 leur ont fait un présent dangereux en leur octroyant une constitution : on ne donne pas des armes à un enfant. Il leur fallait un gouvernement de transition entre l'oppression musulmane et la liberté réglée. Aussi, l'administration est impossible aujourd'hui, placée qu'elle est entre les brigands du nord de la Grèce et les esprits subtils d'Athènes. Les uns, assurés de l'impunité, répandent l'effroi jusqu'aux portes de la capitale; les autres, comme la mouche du coche, croient activer le progrès et entravent sa marche. Le siége du gouvernement à Athènes, c'est le café de la Belle-Grèce, situé au centre de la ville, à l'intersection des rues d'Éole et d'Hermès. Là, ce peuple curieux et bavard s'enquiert des nouvelles du jour et règle les affaires de l'État, tout en fumant la cigarette et en égrenant entre ses doigts ces gros chapelets qui sont un passe-temps et non une prière. La vivacité de leur intelligence permet aux Grecs de se mêler à tout et d'avoir des projets tout faits pour la régénération de leur pays. Vaniteux au suprême degré, il ne se passe pas un événement important en Europe, qu'ils ne le rattachent à leur amour-propre national. Toutefois, j'aime mieux cette activité turbulente que l'apathie des Turcs; et il faut reconnaître qu'il y a là de l'avenir; car, où est le mouvement, là est la vie.

Le peuple grec est toujours léger comme ses ancêtres, et le chien d'Alcibiade aurait encore chez lui du succès. Il vit de peu et tient en grande estime la paresse du corps; aussi l'agriculture est-elle tout à fait abandonnée. Elle manque absolument de bras, et d'ailleurs les capitaux et les routes lui font également défaut. Mais si le Grec s'abandonne à une grande apathie corporelle, en revanche, son esprit est toujours en ébullition, et le porte à s'adonner au commerce. Il a des ressources toujours nouvelles pour lier des opérations et les mener à bonne fin, et, il faut le dire, la délicatesse des procédés n'est pas chez lui exemplaire de ce côté-là. Pour achever l'énumération de ses défauts, je ne surprendrai personne en disant qu'il est menteur. On connaît depuis longtemps son astuce, et ce n'est pas pour rien que ce peuple aimable a inventé la religion de l'Olympe, le plus charmant et le plus poétique des mensonges.

Les anciennes traditions de son pays et la facilité de son imagination le portent au goût des lettres. L'instruction est très-répandue à Athènes; on y compte de nombreuses écoles, et une université entretenue par l'État, possède les différents cours de l'enseignement supérieur. On suit assez en Grèce le mouvement littéraire de la France; il y a quelques traductions en grec vulgaire de nos publications nouvelles, et les savants d'Athènes font de louables efforts pour ramener la langue à sa pureté primitive. Naturellement Homère est en grand honneur parmi eux, et on parle aujourd'hui de nouveaux essais de tragédie qui, dit-on, ne sont pas sans mérite.

Il y a un théâtre à Athènes, et lorsqu'une troupe ambulante vient y prendre des quartiers d'hiver, on y joue du Ricci et du Verdi. Les Grecs sont peu artistes dans le fond; la musique italienne, cette charmante efflorescence de la sève musicale, leur convient fort bien. Cette forme d'art est la seule à leur portée, et le roi Othon qui est resté allemand dans le fond du cœur, essaierait en vain de leur faire goûter les abstractions savantes de Weber ou de Beethoven. J'ai entendu la rue des Trépieds retentir, non plus des sons de la double flûte et de chants choragiques des dix tribus, mais des roulades de la cavatine de Rigoletto, l'opéra en vogue. Le dimanche, les musiciens du roi vont jouer à l'extrémité de la rue d'Éole. Tout Athènes se rend à la musique. Le beau monde y vient étaler les riches costumes et les modes nouvelles. Les Athéniennes se promènent, le chapelet d'ambre à la main, et les contadines ont revêtu pour ce jour leur plus belle pelisse brodée. Le roi et la reine y viennent cavalcader avec leur brillant cortège. — La capitale de la Grèce a les mœurs bourgeoises d'une de nos sous-préfectures un peu importante. Tous les matins, à dix heures, la musique donne une aubade au roi. Les belles grecques de la rue d'Hermès se mettent à la fenêtre pour la voir passer, et les Palicares élégants la suivent en battant la mesure. Le roi se montre ordinairement au balcon. Il est encore jeune et porte avec distinction ce beau costume albanais qu'avait aussi adopté lord Byron. Pendant ce temps-là, la reine, qui est une amazone intrépide, conduit elle-même une petite voiture attelée de deux poneys dans les jardins de son palais.

Puisque je suis en face du monument moderne le plus important d'Athènes, il me faut bien en dire quelque chose ; mais ce ne sera pas un éloge. Peut-on avoir ainsi gaspillé ce beau marbre pentélique dans lequel dormaient peut-être de radieuses statues, chrysalides de l'art ! Ce pauvre palais, si vaste qu'il soit, est nul comme une usine, et plat comme une caserne. On ne peut, certes, lui reprocher d'avoir eu la prétention de se poser en rival des monuments de Périclès ou d'Hadrien. Une grande place le précède, où quelques buissons rabougris visent au jardin anglais. — C'est là que le roi passe ses troupes en revue. Elles sont habillées et équipées à l'allemande, contre-sens fâcheux avec la nature du pays et ses souvenirs. J'ai pourtant aperçu quelques uniformes taillés sur le patron du costume national : fustanelle, bonnet rouge à gland bleu, guêtres et veste gris et argent. Ces troupes manœuvrent avec précision et ont l'air assez martial ; mais on dit qu'elles n'en ont que l'air, et que, lors de la guerre de l'indépendance, les Grecs se mettaient modestement au second rang, laissant l'honneur et le péril aux philhellènes étrangers. Botzaris et Canaris sont des exceptions parmi les descendants de Miltiade et de Thémistocle, et aujourd'hui, les gendarmes chargés d'arrêter les brigands font cause commune avec eux.

La place du palais est le centre de la Néapolis — la ville neuve — où habitent l'aristocratie et les ambassadeurs. Une rue descend en ligne droite vers le Pyrée et partage la ville d'un bout à l'autre; c'est la rue d'Hermès. Vers le milieu de sa course une église byzantine, vrai bijou d'art national, interrompt l'alignement des maisons. Du côté du Pyrée, un magnifique palmier, le seul que le temps et la guerre aient respecté, balance ses rameaux au milieu même de la rue. La ville neuve est bien percée; mais la physionomie générale d'Athènes, surtout du côté de l'Acropole où se trouvent l'ancien quartier turc et le bazar, a un aspect repoussant. La plupart des rues ont des noms empruntés à la mythologie; j'ai cité la rue des Trépieds, la rue d'Hermès, la rue d'Éole, et lorsqu'on a fait ses classes et expliqué les auteurs grecs, il n'est pas difficile de se reconnaître dans Athènes et de retrouver son chemin pour aller dans la rue des Muses.

Il y a quarante ans, M. de Forbin trouvait une population de 10,000 âmes dans la triste Sétine des Turcs; elle est à présent de 25,000 environ. C'est une population mêlée. Les Turcs et les peuples de race slave y ont de nombreux représentants; les Palicares du nord de la Grèce y promènent leur chlamyde en poil de chèvre; et les riches Phanariotes ont abandonné Constantinople pour venir figurer dans les conseils du roi Othon et dans les bals de la reine Amélie. Ils ont apporté à Athènes l'esprit d'intrigue qu'ils savaient mettre à profit dès le Bas-Empire; ils aiment du fond du cœur la Russie, et le peuple hellène en masse partage ce penchant. Il n'a pas vu sans surprise et sans dépit la France et l'Angleterre soutenir le Croissant ébranlé. Mais, si Athènes faisait pendant la guerre d'Orient des vœux pour la Russie, la Russie, de son côté, ne néglige rien pour gagner l'affection des Grecs et accroître chez eux son influence. Elle possède et sait faire jouer un ressort puissant, celui de la religion. Le clergé grec est attaché corps et âme au tzar.

L'Église grecque est administrée par un synode, présidé par l'évêque métropolitain d'Athènes. Je trouve dans un document officiel — l'exposé de situation du royaume hellénique aux puissances d'Europe, du 28 juillet — 9 août 1856 — des aveux assez naïfs sur la position actuelle du clergé grec. « La majorité du clergé est aujourd'hui encore privée d'une instruction assez élevée pour agir puissamment sur la moralisation du peuple. Le gouvernement a compris qu'il devait donner une attention particulière à l'instruction des prêtres..... et fournir au clergé inférieur les moyens d'une existence indépendante, qui en relève la considération et lui impose l'obligation de soutenir son rang et sa dignité par une instruction plus élevée. »

Je n'ajouterai rien à cet exposé, si ce n'est que les papas d'Athènes m'ont paru avoir les mêmes habitudes et les mêmes allures que ceux de Jérusalem. Comme le dit le document que je cite, leur influence sur les mœurs est peu considérable, et la religion des Grecs est extérieure, plus encore que celle des Italiens. Du moins, et il faut les en louer, ils sont fort attachés à leurs pratiques. Le dimanche, les petites mais nombreuses églises d'Athènes sont remplies d'une foule recueillie.

Les cérémonies de l'Eglise grecque m'ont toujours vivement intéressé. Les orientaux, chez lesquels les événements se succèdent sans apporter de changements aux anciennes coutumes, ont conservé les traditions primitives du culte extérieur. Ainsi, les costumes des popes grecs sont ceux des premiers temps de l'Église. Le phénolion est un manteau coupé en rond et sans échancrure pour les bras. Comme la chasuble du moyen-âge, ce vêtement ecclésiastique forme des plis d'une ampleur majestueuse. Lorsque l'archevêque d'Athènes officie revêtu de ces riches ornements et la tiare sur le front, on croirait voir

Charlemagne sous le manteau impérial et le globe en main. La longue barbe et la chevelure abondante que portent les prêtres grecs, ajoutent encore à l'illusion. L'officiant est séparé des fidèles par une clôture en bois doré et peint, l'iconostase, et le chœur ne communique avec la nef que par une porte qui reste fermée pendant la plus grande partie de la messe. Le chant des papas est nasillard et monotone; il ne manque pas cependant de caractère, et doit contenir des restes précieux de l'ancienne mélopée orientale.

Les églises bysantines d'Athènes sont des monuments d'une architecture à part et dignes de l'attention de l'archéologue. Ces constructions datent du VIIIe siècle au XIIIe. Les unes, comme St-Théodore, ont emprunté leur triple abside aux basiliques latines. Les autres, plus nombreuses, et l'église de la rue d'Hermès est le type de ce genre, ont pour plan une croix grecque inscrite dans un carré. Une coupole centrale s'élève sur des piliers qui s'épanouissent en pendentifs, et elle est flanquée de quatre autres coupoles plus petites placées aux angles de l'édifice. Ces coupoles sont supportées par un tambour percé extérieurement de fenêtres dont la partie supérieure pénètre la partie sphérique du dôme. Les façades sont terminées par des lignes brisées dont les frontons indiquent la position des voûtes intérieures. Souvent un narthex ou portique couvert, donne accès dans l'église. La brique alterne parfois avec la pierre dans ces constructions, et des plaques de marbres sculptées en dessins capricieux ou symboliques sont encastrées dans les murs. Des baies simples ou géminées sont closes de tablettes de pierre transparente ou percée de trous circulaires. — Le jeu des toits et des coupoles, la multiplicité des angles et des élévations, l'originalité des ornements, donnent à ces petits monuments un caractère tranché. L'intérieur est blanchi à la chaux ou peint à fresque. On prodigue les dorures sur la clôture qui sépare le chœur de la nef. Les artistes des couvents y peignent à l'aide de poncis des figures de saints dont le type se conserve ainsi forcément. Ces procédés de peinture ont l'avantage de maintenir les traditions, mais ils arrêtent tout progrès, et les Grecs en sont encore à l'art roide et minutieux du Bas-Empire.

Deux églises d'Athènes doivent être mentionnées spécialement à raison du contraste qu'elles offrent et de l'induction qu'on en peut tirer. L'une, la Panagia Lycodino, construction byzantine de grandes proportions et d'un haut intérêt, est l'église des Russes; c'est le roi Othon qui la leur a donnée récemment. Ils l'ont fait entièrement restaurer, et elle est aujourd'hui brillante de peintures. Les Catholiques, au contraire, n'ont qu'une petite chapelle bien pauvre, sans architecture, et qui était une école turque au temps de la domination musulmane. — Ces deux églises, l'une splendide, l'autre nue, expriment assez bien le mouvement des esprits en Grèce. La tendance religieuse aujourd'hui est moins vers Rome que vers Constantinople ou Pétersbourg. Et pourtant, on sait depuis le concile de Florence, combien serait facile un rapprochement entre les deux Églises. Espérons que l'instruction, dont le gouvernement a le louable désir de doter le clergé grec, ne servira pas peu à effacer ces dissidences, et que le schisme retournera un jour dans le sein de l'unité. C'est là, il n'en faut pas douter, que le royaume hellénique trouvera la stabilité qui lui manque, et qu'il rentrera complétement en possession de lui-même. Que s'il persistait dans le schisme, il serait absorbé par la Russie, et finirait par perdre sa nationalité. Il faudra, tôt ou tard, que la Grèce opte entre l'autonomie religieuse avec le despotisme russe, ou l'autonomie politique avec la communion de Rome; son avenir est là.

XXI

Syra. — Milo. — Cythère. — Retour en France.

Le paquebot le *Lycurgue* nous ramène du Pyrée à Syra où nous devons reprendre le *Mentor*. Nous ne sommes pas peu surpris, en le retrouvant, de voir flotter au grand mât le pavillon ottoman. Nous croyons d'abord à une victoire remportée sur les Russes; mais nous apprenons qu'on a arboré le croissant en l'honneur du ministre des finances de Turquie qui est à bord, et qui se rend en France pour négocier un emprunt. Namik-Pacha, pendant les quelques jours que j'ai passés avec lui sur le *Mentor*, m'a réconcilié tout à fait avec les Turcs. Il parle purement le français, et sa conversation, pleine de finesse et d'à-propos charmants, révèle un homme instruit. Il aborde avec succès les sujets de causerie les plus divers; il n'en est qu'un qu'il évite avec soin : c'est la question des réformes en Turquie; mais on comprend que son intelligence éclairée les désire. Si tous les Turcs étaient faits sur le modèle de leur ministre, assurément ce ne serait pas une nation près de finir.

Le *Mentor* a amené de Constantinople douze de nos compagnons de pèlerinage. On a déjà conduit au lazaret ces pestiférés présumés, et à l'aide de nos lunettes d'approche, nous pouvons les voir errer comme des âmes en peine dans l'enceinte du lazaret et sur la plage déserte où il est situé. Il ne nous est pas permis de communiquer avec eux, et bientôt nous reprenons notre marche vers la France.

La navigation à travers les îles de l'Archipel est pleine d'intérêt. Nous laissons à notre gauche Paros et Anti-Paros, renommées l'une, par ses carrières de marbre statuaire, l'autre, par ses grottes fameuses. Milo nous rappelle le souvenir de la Vénus qui fait la gloire du Musée du Louvre. En 1820, un pauvre grec occupé à bêcher son champ, trouva une statue enfouie au milieu de débris. M. Dumont-d'Urville, alors enseigne de vaisseau sur une de nos frégates mouillée dans le port de l'île, traça une esquisse de cette statue et la montra à Constantinople à M. de Marcellus. Celui-ci, avec l'intelligence supérieure d'un artiste jugea sur l'esquisse que c'était un chef-d'œuvre et se dirigea en toute hâte vers Milo. Il était temps. La statue allait quitter l'île, et était déjà à bord d'un brick grec qui devait la transporter à Constantinople. M. de Marcellus déploya une rare habileté pour empêcher son départ. Il a raconté lui-même dans ses *Souvenirs d'Orient*, tout ce qu'il fallut de diplomatie et de négociations pour faire rompre le premier marché. La Vénus fut acquise par M. de Rivière et offerte au roi en son nom.

Nous côtoyons les montagnes de la Laconie, et nous arrivons bientôt au cap St-Ange — l'ancien promontoire Malée —, dont le *Mentor* range de très-près les rochers déserts et éboulés. A notre gauche, nous voyons une île stérile et nue, Cérigo, que nous avons peine à reconnaître pour Cythère, jadis si riante et si fleurie. Ce long profil de montagnes sans verdure et sans habitations, mais non sans une certaine beauté de lignes, me fait l'effet d'un de ces visages de femme vieillie sur lequel les rides n'ont pu effacer les vestiges d'un premier éclat. — Cythère n'est plus le temple du plaisir ; l'île de Vénus est devenue un lieu de punition ; et parfois, dit-on, on voit, entourés d'abominables oiseaux, pendre à des gibets des corps de suppliciés. — Triste et trop réelle image de la vie ! Combien d'hommes poursuivent le plaisir, qui n'atteignent que les déceptions, si même ils ne recueillent des châtiments !

La Morée est une presqu'île découpée comme une feuille de platane. Ses côtes s'éloignent pour se rapprocher bientôt. Nous franchissons le cap Matapan, qui s'appelait autrefois Ténare, et derrière lequel s'échelonnent les hauts sommets du Taygète — nom charmant, qui réveille les souvenirs de nos études classiques. Là, nous disons un dernier adieu à la Grèce. Aussi bien le beau ciel d'Orient qui nous avait souri jusques-là, se voile de sombres nuages. Le *Mentor*, fatigué par le gros temps, avance lentement. Le commandant prévoyant une bourrasque, les matelots ferment les écoutilles, et attachent solidement sur le pont tout ce qu'un coup de mer pourrait entraîner. Il n'est pas jusqu'au maître-d'hôtel qui n'ait, pour les passagers qui ont conservé leur appétit, son système d'arrimage particulier ; c'est un ensemble assez pittoresque de cordes et de chevalets qu'on appelle justement *violon*, et qui maintient les pièces du service dans un équilibre suffisant. Cramponné sur le pont, je suis les progrès de l'orage. Le ciel s'enténèbre de plus en plus , et l'horizon s'abaisse dans une sombre horreur. Habitué à contempler l'infini dans la ligne qui réunit le ciel et l'eau, j'éprouve un certain effroi à voir cet infini, si je puis dire , se rapetisser. Soudain un éclair brille, et la foudre tombe devant nous sur la crête d'une vague ; c'est le signal d'une pluie diluvienne qui semble la confusion des éléments, et qui me chasse de mon poste d'observation.

Nous ne retrouvons le beau temps qu'à Malte. Nous revoyons la splendide église de St-Jean et les tombeaux des Chevaliers. Je pourrais retourner directement en France en restant sur le *Mentor* ; mais un retard de quelques jours me permettra de saluer au passage les côtes d'Italie. D'ailleurs, je resterai plus longtemps avec mes deux aimables compagnons de voyage, qui vont terminer leur pèlerinage au tombeau de St-Pierre, et compléter la visite de Jérusalem par celle de Rome.

Nous disons donc adieu à notre bon navire, à ce vieux *Mentor*, qui nous a accompagnés dans notre modeste Odyssée —, et nous transbordons sur le *Caire*. Nous passons sans encombre entre Charybde et Scylla; la mer nous y paraît calme comme le lac Léman. Ces écueils tant redoutés des anciens ont achevé, depuis l'invention de la vapeur, de perdre leur réputation usurpée. Les nuages m'empêchent de juger si l'Etna et le Stromboli méritent la leur. Mais je vois Messine par un beau soleil; la ville est admirablement posée sur des pentes boisées. Cette verdure repose agréablement ma vue, après le ciel gris et la mer monotone des derniers jours.

Je revois successivement Naples, son site enchanteur et ses musées, —Civita-Vecchia, — Pise et ses monuments, — Gênes et ses palais, et enfin, la première aube du 18 novembre me montre la terre de France. Ces écueils arides et sans poésie de la Ciotat me semblent plus beaux que Naples, Athènes et Constantinople, tant une longue absence ajoute de charmes à la patrie ! Quelqu'un a dit que le bonheur était dans l'imagination ; j'ajouterai que la beauté, comme le bonheur, n'est pas tout extérieure, elle est surtout dans le cœur.

J'aperçois enfin le sanctuaire de Notre-Dame-de-la-Garde. C'est là que j'ai commencé mon pèlerinage et que j'ai reçu la petite croix que je porte encore au retour. — La protection de Celle qui est l'étoile des mers a constamment entouré les quarante pèlerins de 1853. D'autres pèlerins ont gravi depuis nous la colline de la Garde, et la huitième caravane a accompli son pieux voyage avec le même bonheur que les précédentes. Jadis, le pèlerinage en Terre-Sainte offrait mille difficultés aujourd'hui disparues. La facilité des communications, la sécurité du trajet, le prestige qui s'attache en Orient au nom de Français, sont des motifs d'espérer que nos anciennes relations avec la Terre-Sainte seront renouées. Les Croisades ont légué à la France une tradition qu'il importe de maintenir. D'ailleurs, aujourd'hui que les voyages d'agrément sont devenus si faciles et si fréquents, quel but préférable pourrait-on choisir? Quelle terre qui parle davantage à ce qui vaut le mieux en nous? — On visite bien avec intérêt Athènes et Constantinople, mais on laisse à Jérusalem une portion de son cœur.

FIN.

OUVRAGES

DES PÈLERINS DE 1853.

—

RAPPORT SUR LE PÈLERINAGE DU MOIS D'AOUT 1853, par M. Henri Bettencourt, Secrétaire de l'OEuvre des Pèlerinages. — Paris, 1854.

NOTES D'UN PÈLERIN DE LYON A JÉRUSALEM, par M. A. Bonjour. — Lyon, 1854.

LETTRES D'UN PÈLERIN DE JÉRUSALEM, par Eugène Boullier. — Laval, 1854.

JÉRUSALEM, LA CÔTE DE SYRIE ET CONSTANTINOPLE, par M. Louis Bunel. — Toulouse, 1854.

LA TERRE-SAINTE, VOYAGE DES 40 PÈLERINS, par Louis Énault. — Paris, 1854.

PÈLERINAGE EN TERRE-SAINTE, par l'abbé Azaïs. Nîmes, 1855.

LES SAMARITAINS DE NAPLOUSE, Épisode d'un pèlerinage aux Lieux-Saints, par M. l'abbé Bargès, professeur d'Hébreu à la Sorbonne. — Paris, 1855.

JÉRUSALEM. Notes de voyage, par le Comte de Létourville. — Paris, 1856.

—

BULLETIN DE L'ŒUVRE DES PELERINAGES. — 1856-57. — Paris, Secrétariat de l'OEuvre, rue de Furstemberg, 6.

TABLE.

I. Départ du Mont-Carmel. — Les passagers du bateau à vapeur. — Les côtes de la Syrie. — Le Cap-Blanc. — Les Puits de Salomon. — Les ruines de Tyr.   Page 1

II. Plaine de Tyr. — Ruines. — Sarepta. — Sidon. — Abdolonyme et St-Louis. — Djûn et Lady Esther Stanhope. — Deïr-el-Kamar et l'Émir Beschir.   15

III. Beyrouth. — Aspect de la ville. — L'ancienne Béryte. — Prospérité de la nouvelle ville. — Sa population chrétienne. — Établissement des Jésuites. — Hôpital. — École des Sœurs de Saint-Vincent-de-Paul. — Un artiste français. — Forêt de pins. — Désert de sable.   31

IV. Le Liban. — Ses colléges. — Son aspect. — Sa population. — Origine des Maronites. — Leur attachement pour la France. — Leurs travaux agricoles et leurs couvents.   49

V. Les Druses. — Leur origine. — Leur religion. — Course dans le Liban.   59

VI. Bicfaïa. — Maison des Jésuites. — Le P. Estève. — Visite à l'Émir Haïder.   71

VII. Départ de Bicfaïa. — Le sommet du Liban. Zahleh. — Maison des Jésuites. — Plaine de

Baalbek. — Villages Metualis. — Rencontre de cavaliers arabes. — Campement d'une tribu de Bédouins. — Arrivée à Baalbek. 85

VIII. Baalbek. — Ruines du temple de Jupiter et du temple du Soleil. — Fondation de Baalbek attribuée à Salomon. — Visite à l'Évêque. — Vue des monuments au clair de la lune. 103

IX. Nouvelle ascension du Liban. — Le Makmel. — Les cèdres. — Vallée des Saints. — Eden. 127

X. Couvent de St-Antoine de Kossaï. — Vallées du Liban. — La Kadischa. — Campement à la Marine. — Tripoli. — Le jeune Omar. 155

XI. Côtes de Syrie et de l'Asie Mineure. — Latakieh. — Alexandrette. — Mersine. — Ruines de Pompeiopolis, d'Eleusa, de Séleucie, d'Holmus, d'Anémour, d'Aniiphellus. — Arrivée à Rhodes. 187

XII. L'Ile de Rhodes. — Les chevaliers de St-Jean. — Les deux grands-maîtres Pierre d'Aubusson et Villiers-de-l'Isle-Adam. — La rue des Chevaliers. — Ancienne église de St-Jean. — Aspect de la ville. — Ile de Cos. — Patmos. — Samos. — Scio. 209

XIII. Smyrne. — Origine de cette ville. — Homère et Saint Polycarpe. — Sœurs de la charité. — Hôpital français. — Les Lazaristes. — Couvent des Méchitaristes. — Collége de la Propagande. — Conférence de St-Vincent-de-Paul. — Les processions à Smyrne. —

Mont Pagus. — Cimetieres turcs. — L'Église de France et l'Église de Smyrne.   235

XIV. Départ de Smyrne — Troie. — La flotte anglo-française à Besika. — Abydos et Sestos. — Gallipoli — La mer de Marmara. — Arrivée à Constantinople.   255

XV. Constantinople. — Aspect général. — Péra. — Les maisons et les costumes. — Le Phanar. — Balata. - Stamboul. — Scutari. — Galata.   263

XVI. Les Mosquées. — Sainte Sophie. — Les Derviches tourneurs. — Fontaines. — Turbés. — Les Champs des morts. — Les Eaux douces.   279

XVII. Mœurs et habitudes des Turcs. — Les bazars, les bains. — La Turquie primitive. — Le vieux Sérail. — Monuments du Bas-Empire. — Avenir de la Turquie. — Les établissements religieux à Constantinople.   301

XVIII. Départ de Constantinople. — Smyrne. — Homère et le brigand Katerdji. — Syra. — Costume albanais. — *Timeo Danaos*. — Promontoire de Sunium. — Le Pyrée. — Arrivée à Athènes.   323

XIX. L'Acropole. — Les Propylées. — Le Parthénon. — L'art grec et l'art ogival. — Lord Elgin. — Temples de Neptune Erechthée, de Minerve Poliade, de Pandrose, de la Victoire Aptère. — Monuments romains. — Temple de Thésée. — L'Aréopage. — Saint

Paul et Socrate. — Pnyx. — Vue générale du haut de la colline de Musée. 335

XX. Mœurs des Athéniens. — Gouvernement. — Le roi Othon. — La ville moderne. — Le Clergé grec. — Les églises byzantines. — Avenir de la Grèce. 361

XXI. Syra. — Milo. — Cythère. — Retour en France. 377

FIN DE LA TABLE.

www.ingramcontent.com/pod-product-compliance
Lightning Source LLC
Chambersburg PA
CBHW071222240426
43671CB00030B/1590